GRAMAT VOLAPÜKA

Arie de Jong

GRAMAT VOLAPÜKA

Arie de Jong

evertype

2012

Published by Evertype, Cnoc Sceichín, Leac an Anfa, Cathair na Mart, Co. Mhaigh Eo, Éire. *www.evertype.com.*

First edition Leiden: Brill, 1931.

A catalogue record for this book is available from the British Library.

ISBN-10 1-904808-94-8
ISBN-13 978-1-904808-94-7

Typeset in Dutch Mediaeval by Michael Everson.

Cover design by Michael Everson. Photograph courtesy of the Estate of Arie de Jong.

Printed and bound by LightningSource.

CONTENTS

FOREWORD TO THE 2012 EDITION

Like *Wörterbuch der Weltsprache: Vödabuk Volapüka*, Arie de Jong's *Gramat Volapüka* has been out of print for decades. Now that his dictionary has been re-published in facsimile, it makes sense to make his grammar available again as well.

Arie de Jong wrote his grammar entirely in Volapük, believing that in time people interested in Volapük in different countries would write their own grammars. It is my intention to work with other Volapükologists to publish an edition of the *Gramat Volapüka* with a complete English translation and notes, but as the preparation of that volume may take some time, I thought it best to re-issue the *Gramat Volapüka* now, in facsimile, as a companion to the *Vödabuk*, for those who can make use of it.

De Jong inherited and improved a phonetic alphabet (*lafab fonetik*) from Schleyer, and used it to transcribe non-Volapük words in both the *Vödabuk Volapüka* and in the *Gramat Volapüka*. Since today the International Phonetic Alphabet is used, Schleyer's alphabet is of interest more as a curiosity than anything else. In §4, §11, §265, and §266 I have added in {curly brackets} the I.P.A. equivalent or equivalents of the *lafab fonetik* as an aid to the reader.

A few corrections have been made to the text, almost all of which are relatively trivial or have to do with transcription:

- ❖ in §1, "[yohánĕs]" has been corrected to "[yohánĕš]", "[lĭžĕlstátĕn]" to "[lĭžĕljtátĕn]", "[kón-stánz]" to "[kón-stánž]", "[slóĭmĕr]" to "[šlóĭmĕr]", and "[hildĕgárdis]" to "[hildĕgárdiš]".
- ❖ in §11, "[sól]" has been corrected to "[šól]", "[gus]" to "[guš]"; "[siářa]" to "[šiářa]", "[čĭnkve]" to "[čĭnkwe]", and "[áχistánž]" to "[áχištánž]"; in §11, §13, §116, and §117 French **oe** is now written **œ**.

- in §12, "‚sheerzeep‚" has been corrected to "‚sheerzeep'".
- in §13, "[sǫ̈r]" has been corrected to "[šǫ̈r]".
- in §14, "[sablĕ]" has been corrected to "[šablĕ]", and "[hóïšĕr]" to "[hóïšĕr]".
- in §15, "[fàtĕrlánd]" has been corrected to "[fàtĕrlánt]".
- in §19, a number of diacritics have been put right (Å, Ą, ĕ, ḷ, Ḷ, ṣ, Ṣ, ṭ, Ṭ, ṭ, Ṭ, Ħ).
- in §34, "[kyurió-síti]" has been corrected to "[kyurió-šíti]".
- in §43, "[kástràti]" has been corrected to "[kástràti]".
- in §46, "[skòpoli]" has been twice corrected to "[škòpoli]".
- in §49, "[táïmš]" has been corrected to "[táïms]", "[krístòforo]" to "[krištòforo]", [vulvĕr̆ħ] to [wulwĕr̆ħ], and "[ħĕ]" has been corrected twice to "[đĕ]".
- in §55, "[kvám]" has been corrected to "[kwám, kvám]" and "[kánòpus]" to "[kánòpuš]".
- in §116, Russian стулъ has been respelt стул per the 1918 spelling reform, "[sùmbu]" has been corrected to "[šùmbu]", and "[gràhana]" to "[gràhaṇa]", noting that a Schleyerian "[ṇ]" (I.P.A. [ŋ]) is not listed in §11.
- in §117, "[svón]" has been corrected to "[swón]".
- in §228, "[fiktòriĕ]" has been corrected to "[viktòriĕ]".
- in §256, "ba? ... lodom." has been changed to "ba ... lodom?".
- in §273, the number has been corrected from 373, and "[že=u=äš=o=fol]" has been corrected to "[ce=u=äš=o=fol]".

In the section on the Latin alphabet I have made more extensive emendations. As of now I do not know how much of de Jong's description was his own and how much was based on the one he inherited from Schleyer, but the pronunciation recommended is quite "German" in nature. Today, at any rate, it is reasonable to recognize that three traditions of pronouncing Latin are common (and that none of them is necessarily quintessentially appropriate for users of Volapük). In accordance with this recognition I have altered the text in a few places:

- in §258 "C c [že]" has been changed to "C c [ke, že, če]", and "V v [ve]" to "V v [we, ve]"; "W v [va]" has been corrected to "W w [wa]".

❖ in §261.3 "[k]" has been changed to "[k, ž, č]".

❖ in §261.4 "ud äs el [t⸗ž]" has been changed to "ud äs els [k⸗k, t⸗ž, t⸗č]".

❖ in §261.8 "äs el [ž]" has been changed to "äs el [ž] ud äs el [t]", "[gràžiá]" to "[gràtiá, gràžiá]", and "[tåržiuš]" to "[tårtiuš, tåržiuš]".

❖ in §261.10 "[u cón-šónánš]" has been corrected to "[u kón-šónánš]"; "[ye] e [v]" has been changed to "[ye], e [w, v]", "[vìnum]" to "[wìnum, vìnum]", "[sán⸗gviš]" to "[šán⸗gwiš, šán⸗gviš]", "[kvårkuš]" to "[kwårkuš, kvårkuš]", and "[kvó-niám]" to "[kwó-niám, kvó-niám]".

❖ in §261.11 "[q, f, th]" has been changed to "[kh, ph, th] u [q̌, f, ħ]".

In the section on the Ancient Greek alphabet I have made a few similar emendations:

❖ in §262 in the third column "[vau] ü [digám-má]" has been changed to "[wau, digám-má]" and in the fifth column "[v]" has been changed to "[w]".

❖ in §262 in the third column "[thàtá]" has been changed to "[thàtá, ħàtá]" and in the fifth column "[th]" has been changed to "[th, ħ]".

❖ in §262 in the third column "[láb-dá] ü [lámb-dá]" has been changed to "[lámb-dá, láb-dá]".

❖ in §262 in the third column "[fi]" has been changed to "[phi, fi]" and in the fifth column "[f]" has been changed to "[ph, f]".

❖ in §262 in the third column "[qi]" has been changed to "[khi, q̌i]" and in the fifth column "[q]" has been changed to "[kh, q̌]".

❖ in §263 for reasons of space I have only altered the transcriptions "[án-thropóš]" to "[án-thropóš, án-ħropóš]", "[àgathós]" to "[àgathóš/àgaħóš]", and "(šòfokläš]" to "[šòphokläš, šòfokläš]". Note however that "[átžántuš]" should be "[ákkántuš, átžántuš, átčántuš]", "[žirkum-fláx̌uš]" should be "[kirkumfláx̌uš, žirkumfláx̌uš, čirkum-fláx̌uš]", and [äïf hàmin] should be [äïph/äïf hàmin].

In the section on the Russian alphabet I have made the following changes:

❖ in §262 in the third column, I have corrected the letter-names from [i dváïnóyä] to [i], from [i štóč-kóy] to [i š tóč-kóy], from [i škřát-kóy] to [i křát-koyä], from "[qa]" to "[q̌a]", from [yär̆] to [tvyór̆-diy snak], from [yir̆ú] to [yer̆ú], from [yer̆] to [myáq̌-kiy snak], and from [yǎ] to [yǎt]. In the fifth column, I have thrice altered "q" to "q̌".

❖ in the examples I have altered some spellings: **Петроградъ, Кіевъ, Россія, Днѣпръ, хорошій,** and **легкій** have been updated to **Петроград, Киев, Россия, Днепр, хороший,** and **легкий** per the 1918 spelling reform.

❖ in the examples the transcription "[qárójiy]" has been corrected to "[q̌árójiy]", and "[lyóqkiy]" to "[lyóq̌kiy]".

In the section on the Arabic alphabet I have altered "[sài]" to "[sài(n)]", "[vav]" to "[waw]", "[v, u]" to "[w, u]", "[tànvin]" to "[tànwin]", "[vàsla]" to "[wàsla]", and "[valìdi]" to "[walìdi]".

The list of abbreviations beginning on page xi is cumulative between the abbreviations in the *Vödabuk Volapüka* and the *Gramat Volapüka*.

Once again I would like to offer my profound thanks to Arie de Jong's son Arie and granddaughter Louise for their support of my publication of this volume, and for providing the splendid photograph I have used as the frontispiece. I am also again grateful to Arden R. Smith, and to the *Guvan*, Ralph Midgley, who reviewed the front matter and offered many helpful comments.

Michael Everson
Westport, 14 May 2012

ABBREVIATIONS

a.s. = **as sam** for example, e.g.

baln. = **balnum** singular.

br. = **brefod** abbreviation.

br. bev. = **brefod bevünetik** international abbreviation.

D. = **Deutänapük** German.

d. = **del** day (in the *Gramat Volapüka*).

d. = **din** thing, object (in the *Vödabuk Volapüka*).

dat. = **datif** dative.

füs. = **in füsüd** physics.

Flan. = **Flanänapük** Flemish.

Fr. = **Fransänapük** French.

gad. = **in gadav** gardening.

gen. = **genitif** genitive.

geom. = **in geomet** geometry.

git. = **in gitäd** law.

gr. = **in gramat** grammar.

k. = **könäd** currency.

kiem. = **in kiemav** chemistry.

kony. = **konyun** conjunction.

kus. = **kusatif** accusative.

l. = **logolös!** *or* **logolöd!** see, q.v.

ladv. = **ladvärb** adverb.

lady. = **ladyek** adjective.

lart. = **lartig** article.

lat. = **latin** Latin.

lov. = **värb loveädik** transitive verb.

lov. dem. = **värb loveädik demodik** dative transitive verb.

lov. nem. = **värb loveädik nemirik** nominative transitive verb.

Lap. = **Lapänapük** Sami.

Lin. = **Linglänapük** English.

Lit. = **Litaliyänapük** Italian.

m. = **manik** masculine.

mat. = **in matemat** mathematical.

mil. = **in milit** military.

mit. = **in miteodav** mythology.

mus. = **in musig** music.

n. = **neudik** neutral.

Ned. = **Nedänapük** Dutch.

nel. = **värb neloveädik** intransitive verb.

nel. dem. = **värb neloveädik nemirik** nominative intransitive verb.

nev. = **nevoiko** figurative.

nom. = **nominatif** nominative.

nt. = **noet** note.

p. = **pösod** person.

pd. = **pad** page.

pl. = **plunum** plural.

plun. = **plunum** plural.

pr. = **präpod** preposition.

prot. = **in glüg protästik** Protestant Church.

r. = **reidolös!** read.

rom. = **in glüg romakatulik** Roman Catholic Church.

Rus. = **Rusänapük** Russian.

sek. = **värb sekidik** dependent verb.

Sp. = **Spanyänapük** Spanish.

st. = **steläd** constellation.

t. = **tonat** letter, character.

v. = **vomik** feminine.

V.Gr. = **Vöna-Grikänapük** Ancient Greek.

vok = **vokatif** vocative.

Vp., Vpa, = **Volapük, Volapüka** Volapük, Volapük's.

Vpan, Vpans = **Volapükan, Volapükans** Volapük speaker(s).

Vpanef = **Volapükanef** Volapük movement.

Vpik = **Volapükik** Volapük *adj.*

Vpo = **Volapüko** in Volapük.

GRAMAT VOLAPÜKA.

DABÜKOT BALID
PELAUTÖL NÄMÄTÜ E ZEPÜ
KADÄM VOLAPÜKA

FA

Dr ARIE DE JONG.

PEBÜKÖL IN BÜKÖP KOMPENÄTA
NENFIAMIK: ‚BOEKHANDEL EN
DRUKKERIJ voorheen E. J. BRILL'.
LEIDEN (NEDÄN).
1931

FONUN.

,Unam uni generi humano linguam'.
Menefe bal püki bal.

J. M. Schleyer.

Gramat at danädon davedi oka vipe slopanas fiedik anik Vpa ad dönulifükön volapüki mekavik at.

Dinäds difik ekodons das mödikans edeflekons okis de Vp., e das pük at eperon mödikosi fluna okik. Bal kodas atosa sio ebinon fomam vödas, e pato fomam koboyümavödas. Pö fomam vödas nulik e pö fomam koboyümavödas el ,Schleyer': datikan letälenik Vpa < sevabo ägebädom brefükamis somik, das vöds at tefü licin okas ivedons fikuliko sevädoviks. Dub atos vöds nulik Vpa ivedons fikuliko memidoviks ed älonülons memäle flagis vemo töbikis. Kludo if ävilobsöv, das Vp. ödageton dönu in kosäd bevünetik pladi, kel duton lü ok, e keli i meriton, täno mu balido vödastok Vpa ömutonöv paxamön e pamenodön utöpo, kö özesüdosöv. Ab bi fomam vödas klulo söton pastabön dub noms gramatik kuratiko pelonöls, i äzesüdos ad revidön staböfo gramati Vpa. Bligädi at, sevabo: e revid gramata e revid vödas Vpik, edunikob.

Bü d. 31id mäzula ela 1929, kludo tü timül mö yels ebo luldegs pos datik Vpa fa ,J. M. Schleyer', vobod oba äblümon.

Ün prilul ela 1929 evisitob söli: ,Prof. Dr. Alb. Sleumer', cifal Vpanefa ä delikan Vpakadäma < ad jonön ome vobodi oba, ed ün setul yela ot obs bofik evegobs lü ,Wienacht' (in Jveizän) ad bespikön us ko söl: ,J. Sprenger' < vobodi oba e dinädis votik Vpi tefölis.

Pläamü dins anik äkanoy baicedön tefü ceds obik. Votükamis anik, kels äzesüdons, elüblinob ini gramat ed ini vödabuk, ven äbinob dönu in lomän oba, sodas gramat at gegivon utosi, kelosi elonobs kilo fifümiko pö kobikam obas in ,Wienacht' de d. 17id jüesa d. 19id setula ela 1929. Dins anik, tefü kels nog älaboy vipi patik, pomäniotons in noets.

Säkäd, va pük valemik paneodon, is no nedon pabespikön. Kosäd bevünetik gianagretik, ted bevünetik, tefs bolitik bevünetik vero zesüdükons dalabi püka bevünetik.

Neod at ädabinon ya de tims vönädikün e päfölon jünu dub geb pluuneplu valemik bala pükas lifik. Ün nutim sevädiko plä latin Fransänapük e Linglänapük pagebons as volapüks.

Geb at bala u mödikuma pükas lifik as volapük, pasenälon ebo fa lödans reigänas votik, kelas püks i paspikons fa balionats reigäbas as pödiopladam okas it ed as privilegam länas ut, kelas püks pagebons as volapüks. Pato nü netäliseved netas difik glofon aiplu, senäl at dodon aiplu ad givülön bali pükas lifik stadi privilegik volapüka. Lä atos nog dod binon, das pük lifik alik i binon fikuliko lärnovik. Löns mödik, kelis puk alik labon, kodons, das neodoy studi yelas mödik, büä kanoy spikön e penön kuratiko püki et.

Dods at ebo paleyilons fasiliko dub volapük mekavik. Pük somik kanon pastukön somo, das binon fasiliko lärnovik. Dub atos dod gretik moikon, sevabo: töbid gretik e tim lunik, kelis neodoy ad lärnön bali pükas dabinöl. Zuo pö dabin püka bevünetik valemiko pageböla pük lifik nonik binon in stad privilegik; ad kompenön in kosäd bevünetik net alik olabon pö jenet somik bligi ad lärnön volapüki mekavik bevünetik bal at.

„Ab atimo mekavapüks so mödiks dabinons; kini mekavapükas at omutoy täno gebön as kosädapük bevünetik?" osäkoy. Pro geb at, ma ced oba, pük mekavik te bal kanon pademön, sevabo: Volapük, pük fa ‚Johann Martin Schleyer' pedatiköl. Vp. ga binon tefü binod oka so balugik e labon süperodis so mödikis, das pük votik no bal kanon pluön, mu te kanon leigön leigodü on. Zuo plak eblöfon, das Vp. binon lölöfiko gebovik pro kosäd bevünetik. In bukil ün 1927 pepüböl dö el ‚Interlingua' (bal mätedianas mödik Vpa) samo nun sököl binon: „Ün 1889 in Yurop, Siyop, Frikop, Merop e Stralop Vpaklubs 283, Vpitidans pidiplomöl plu 1600, geidabuks 316 Vpa, e gaseds Vpik 25 ädabinons."

If viloyöv kludo dagebön jenöfiko püki bal, kel pagebon da vol lölik as yufamedöm bevünetik, täno geboyös te Vpi! Lü Vp. gität duton ad fölön neodi at. Pos steifs nensekik dü tumyels mödik ad jafön kosädamedömi bevünetik, Vp. ga binon pük mekavik balid, kel ebluföfon ad binön plago gebovik pro kosäd bevünetik, e kel stadon lölöfiko neudiko tefü länapüks difik.

V

Pül nitedäla pro Vp. ün timül at no nedon binön neletian ad propagidön püki at. Pluna ga in jenav nolavas ejenos, das tuvot nolavik pas pos yels mödik glömäda ädageton digidi, keli ämeriton.

Tefä lebuk it, vilob küpetön is, das gramat at no binon gramat balid, kel pelauton löliko in Vp. Sevabo ün 1889, mäzul, 31 gramat fa ‚Schleyer' it pelautöl epubon tiädü „Glamat popiko-katekik Vpa."
Binos vipabik, das Vpagramats in länapüks difik pulautöls opubons. Gramats in natapüks polautöls no nedons binön tradutod lölöfik gramata at. Bevoban gramata somik klüliko binon lölö-fiko lelivik ad lautön ati, soäsä on it cedob osi as zesüdik. Mod bevoba klüliko sekidon zuo de pük, in kel lebuk somik palauton. Cedü ob osaidos ad bevobön te kapitis, kels tefons Vpi it, bi kapits dö fonet, natapüks e jüfüdavödeds kanons pastudön me gramat at.

Kanos jenön, das pö reid gramata at ba dod u küpet seimik süikon; pö jenet somik obinos gudik, das reidan lesevädükon oke balido prinsipis, kels pelasumons in gramat at. Ven ulese-vädükon oke atis, ed if täno no nog okanon baicedön tefü ats, okanon dunidükön dodis u küpetis oka Vpakadäme, kel oxamon kuratiko onis. Kodedü löpikos begob ye ad no mekön nensüeniko dodis. Pük alik labon pükalönis, tefü kels eкösömikoy. Ven okol-kömoy in Vp. pükalöni seimik de pük okik distidiki, täno bo obuükoy löni lomänapüka oka bu et Vpa e bo ocedoy, das obinos-la vipabik ad lasumön ati ini Vpasit. Pö stad somik beti-koyös ye, das liman neta votik kanon labön vipis votik! Binos vo nemögik ad fölön vipis somik. Güö! Vp. söton labön nomis lönik seimiko tefü natapüks livätikis. Pas somo odalobs spetön, das pükalöns pükas difik no poloveblinons ini Vp. e das nets difik openons Vpi ön mod te bal.

Spelob, das Volapük odageton dönu flenis mödik e das atans pö stud datikota sublimik at ela ‚Schleyer' osenälons juiti leiga-mödotik, äs ob esenälob pö bevob e gramata et e vödabuka Vpa.

Voorburg, 1930, mayul, 14. Dr. ARIE DE JONG,
Broekslootkade 5. Kadäman Vpa.

BREFODS.

a. s. = as sam.
baln. = balnum.
d. = del.
dat. = datif.
D. = Deutänapük.
Fr. = Fransänapük.
gen. = genitif.
kus. = kusatif.
l. = logolöd!
Lin. = Linglänapük.
Lit. = Litaliyänapük.
nom. = nominatif.
nt. = noet.

Ned. = Nedänapük.
pd. = pad.
plun. = plunum.
Sp. = Spanyänapük.
vok = vokatif.
Vp., Vpa, ... = Volapük, Volapüka, ...
Vpan, Vpans = Volapükan, Volapükans.
Vpanef = Volapükanef.
Vpik = Volapükik.
Vpo = Volapüko.

NINÄDALISED.

NÜDUGOT.

---

1. **Gramat Volapüka** bejäfon uti valik, keli mutoy sevön pro
gudiks penam, reid e spikam Volapüka.

Volapük diseinon te ad binön medöm fasilik suema bevünetik.
Steifon ad dakipön mögiküno vödedis bevünetik pato latinikis
nolavas difik, e nemis taleda soäsä papenons ma tatapüks calöfik
difik me tonats latinik. Te de vödeds jäfüdik e de nems tale-
davik mödiko komädöls vöds Volapükik dabinons (l. dilädi VIid!).

Sekü kods at gramat Volapüka muton ninädön noe Volapü-
kikis fomiri, tümologi e süntagi abi utosi valik, kel zesüdon pro
pron verätik vödas natapükik, kels mutons palecedön tefü Vola-
pük as foginavöds.

Sekü bligäd at gramat Volapüka ninädon dilädis sököl:

Diläd : I. **Lafabs e malüls.**

Diläd : II. **Fomir.**

Diläd : III. **Tümolog.**

Diläd : IV. **Süntag.**

Diläd : V. **Natapüks.**

Diläd : VI. **Vödeds jäfüdik.**

NOET : 1. Vp. pedatikon fa ‚**Johannes Martin Schleyer**' [yohánĕš
mártin ĵláĩĕr] ün tim et: vilagapädan romakatulik in ‚Litzelstetten'
[lĭžĕljtätĕn] nilü ‚Konstanz'[kón-štánž] in Badän (Deutän) ün 1879
mäzula d. 31id. ‚J. M. Schleyer' pemotom in ‚Oberlauda' [obĕr-
làŭda] in Badän ün 1831 yulula d. 18id ed edeadom in ‚Konstanz'
ün 1912 gustula d. 12id.

As datikan Vpa ‚Schleyer' äbinom i cifal Vpanefa ä dilekan
kadäma Vpa. Ecälom me büad dätü 1910 dekula d. 3id as fovan
oka pos deadam okik söli: ‚**Albert Sleumer**' [álbĕrt šlóĩmĕr]:
‚doctor philosophiae et theologiae' < ün tim et: ‚Direktor' [diråk-

tór] ela ‚Hildegardislyzeum' [hildĕgárdiš ližèum] in ‚Bochum'
[bóqum] in Preusän (Deutän), äd anu: lautan in ‚Godesberg' [gȯdĕš-
bạrk] len ‚Rhein' [ráĭn] in Preusän.

NOET: 2. **Kadäm Vpa.** pestidon pötü Vpa kongred telid pije-
nüköl in ‚München' [münqĕn] in Bayän (Deutän) ün 1887 de d. 6id
jüesa d. 9id gustula.

NOET: 3. Buks padabüköl fa u nämätü kadäm Vpa opubons
in tanäd klilagedik, e podekons löpo su föfaflan ko siämamäk Vpa.

Siämamäk at Vpa binädon me talaglöp, laböl diameti lunotü
zimmet bal, su feled gedik sirköfik labü diamet lunotü zimmets
tel. Su feled gedik löpo vöd: **Volapük** binon, e dono spiked
Vpa: **Menefe bal, püki bal.** Tonats e däsinot talaglöpa blägons,
e mels in talaglöp vietons.

DILÄD : I.

LAFABS E MALÜLS.

2. Volapük gebon lafabis kil,
1ido **lafabi Volapükik,**
2ido **lafabi fonetik,** e
3ido **lafabi tonatas latinik.**

LAFAB VOLAPÜKIK.

3. **Lafab Volapükik** labon tonatis 27, efe vokatis 8 e konso-
natis 19.

Vokats binons: **a, e, i, o, u, ä, ö, ü.**

Konsonats binons: **b, p; d, t; v, f; h, y, g, k; l, r, m, n; s,
j, c, x, z.**

4. Baiädü lafabs me tonats latinik papenöls natapükas tonats
Volapükik papladons in sökaleod sököl. Klülos, das pö lonam
sökaleoda at viläd semik no kanon pavitön.

Bükatonats.		Penamatonats.		Nems tonatas.	
Mayuds.	Minuds.	Mayuds.	Minuds.		
A	a	$\mathscr{A}$	a	a	{a}
Ä	ä	$\ddot{\mathscr{A}}$	$\ddot{a}$	ä	{æ, ɛ}
B	b	$\mathscr{B}$	b	be	{be}
C	c	$\mathscr{C}$	c	ce	{tʃe, dʒe}
D	d	$\mathscr{D}$	d	de	{de}
E	e	$\mathscr{E}$	e	e	{e}

Bükatonats.		Penamatonats.		Nems tonatas.	
Mayuds.	Minuds.	Mayuds.	Minuds.		
F	f	𝓕	f	fe	{fe}
G	g	𝒢	g	ge	{ge}
H	h	ℋ	h	he	{he}
I	i	𝓘	i	i	{i}
J	j	𝒥	j	je	{ʃe, ʒe}
K	k	𝒦	k	ke	{le}
L	l	𝓛	l	le	{ke}
M	m	𝓜	m	me	{me}
N	n	𝒩	n	ne	{ne}
O	o	𝒪	o	o	{o}
Ö	ö	𝒪̈	ö	ö	{ø}
P	p	𝒫	p	pe	{pe}
R	r	𝓡	r	re	{re}
S	s	𝒮	s	se	{se}
T	t	𝒯	t	te	{te}
U	u	𝒰	u	u	{u}
Ü	ü	𝒰̈	ü	ü	{y}
V	v	𝒱	v	ve	{ve}
X	x	𝒳	x	xe	{kse, gze}
Y	y	𝒴	y	ye	{je}
Z	z	𝒵	z	ze	{tse, dze}

Pro pron tonatas fonetik, kels pegebons ad magulön nemis Volapükatonatas, logolöd bagafi: 11 !

Dub leigod prona e nema tonatas lafaba Volapükik lä tonats baiädik lafaba fonetik ologoy, das pron e nem tonatas lafabas bofik leigons lölöfiko.

5. Tonat alik papenon e pareidon ön mod te bal. Leigo spikaton alik pamagulon in Volapük me tonat te bal.

6. Vöds pateilons me teilamalüls: = ma reid in silabs. As sam: **Volapük** = **Vo=la=pük** (r. § 34! [reidolöd: bagafi: 34!]).
Bai num silabas vöds binons bal=, tel=, kil=, ... plusilabiks.

7. Volapük ni labon telvokatis ni kilvokatis. In Volapükavöds vokatis tel u kil näi ods laböls kludo vokat alik soelo papronon. Sams: **rein** = re=in, **baiäd** = ba=i=äd.

8. In Volapükavöds plusilabik — lindifos, va vöds at binons sio u no koboädavöds — kazet, mögädo: **lekazet**, binon ai su **finasilab**. In vöds, in kels yümamalül: - komädon, kazet, mögädo: lekazet, ye binon su silab lätik fo **yümamalül**. Samo vöd: **Vo=lapük** pareidon: [vo=la=pùk], ed el **okanitof=li?** pareidos: [o=ka=ni=tòf=li?].

9. In defomamavöds me foyümot pedefomöls **näikazet** binon kösömiko su foyümot ad lelogädükön plu sinifi vöda. A.s. in vöd: **nekoten** lekazet binon su finasilab: =ten, e näikazet su silab foyümotik: **ne=**. In vöd: **fäimasonön** lekazet binon su finasilab: =nön, e näikazet su silab: =i= foyümota: **fäi=**.

Tefü geb näikazeta in koboyümavöds distidoy jenetis tel, efe va lim balid koboyümavöda peyümon len lim sököl me yüma=tonat: =a= ud =i= u no. Üf lim balid no peyümon me yümatonat, näikazet binon su silab lätik lima at. Üf ye lim balid peyümon me yümatonat, näikazet binon su silab fo yümatonat at. A.s. in vöds: **tumyelik, general=maredal, tavenenmedin** näikazet binon tefädo su silabs: **tum=, =ral=, =nen=**, ed in vöds: **vienasplodül, neitabonät, Nolüdapovean** su silabs: **=e=, =i=, =lü=**.

10. Soäsä ya klülädos sekü § 5, vokats in Volapükavöds papronons ön mod bal. Vokat alik diston so kleiliko de votiks,

das brefed u tened vokatas at no odämükons lelilovi vödas, bisä te demoy proni verätik onas.

Födü **lelilov Volapüka** digädos komandi ad sagön nevifiko vödis, demön kazeti verätik, pronön kuratiko tonatis valik, beiädön tonati nonik e vitön tenedi vokatas.

LAFAB FONETIK.

11. **Lafab fonetik** labon tonatis sököl:

Tonata-foms	Nems.	Pron.
{a}	a, à	a	äs **a** in ‚gaz' [gas] Fr. = vap, gasin; ‚are' [ař] Lin. = binobs; binoms, …; ‚Vater, [fatĕr] D. = fat; ‚water' [vatĕr] Ned = vat.
{ɑ}	á	á	äs **a** in ‚Fall' [fál] D. = fal; ‚kat' [kát] Ned. = kat; ton: á palilon in vöds Linglänik: ‚I' [áĭ] = ob; ‚buy' [báĭ] = remön; in vöds Fransänik: ‚en' [áñ] = in; champ [ĵáñ] = fel.
{ə}	ă	a nen-tonik,	pron mu brefedikün tona: a in püks hebreyik (bal müratonas), suomiya-macarik, slavik,…
{ɒ}	â, à	å	äs **a** in ‚all' [ål] Lin. = val, valik; ‚law' [lå] Lin. = lon.
{ʌ}	a̋	a̋	äs **u** in ‚but' [ba̋t] Lin. = ab; äs oo in ‚blood' [bla̋d] Lin. = blud; äs o in ‚brother' [bra̋d̆ĕř] Lin. = blod.
{æ, ɛ}	ä, ä̀	a	äs **ä** in ‚Bär' [bär] D. = ber; äs **è** in ‚père' [pär] Fr. = fat; äs e balid in ‚there' [d̆äř] Lin. = us; ‚wereld' [värĕld] Ned. = vol.
{ɛ}	ä̋	ä̋	äs **e** in ‚Fett' [fä̋t] D. = pin; ‚bref' [brä̋f] Fr. = brefik; ‚net' [nä̋t] Lin. = filät; ‚met' [mä̋t] Ned. = ko.
{ə}	ä̆	ä nen-tonik,	pron mu brefedikün tona: ä in püks hebreyik (bal müratonas), suomiya-macarik,…
{e}	e, è	e	äs **ee** in ‚See' [se] D. = lak, mel; ‚meer' [mer] Ned. = lak; ‚zee' [se] Ned. = mel; ton: e palilon in vöds Linglänik: ‚day' [deĭ] = del; ‚lady' [lĕĭdi] = läd.
{ə}	ĕ	e nen-tonik,	äs **e** in ‚Gedanke' [gĕdáŋkĕ] D. = tik; ‚gedachte' qĕdá̋q̆tĕ] Ned. = tik; ‚offer' [ófĕř] Lin.

Tonata-foms	Nems.	Pron.
{i}	i, ì	i	= lof; ‚je' [jĕ] Fr. = ob; ‚me' [mĕ] Fr. = obi. às ea in ‚sea' [ši] Lin. = mel; ‚ear' [iř] Lin. = lil; äs i in ‚lire' [lir] Fr. = reidön; ‚mir' D. = obe; ‚minuut' [minüt] Ned. = minut.
{ɪ}	í	í	äs i in ‚ticket' [tíkĕt] Lin. = biliet; ‚stip' [štíp] Lin. = pün.
{ɨ}	ĭ	i nen= tonik,	ton at palilon in ‚giorno' [cĭórno] Lit. = del; ‚gia' [cĭa] Lit. = ya; ‚bei' [báĭ] D. = lä; ‚boy' [bóĭ] Lin. = pul.
{o}	o, ò	o	äs oo in ‚Boot' [bot] D. = bot; ‚oog' [oq] Ned. = log; äs eau in ‚eau' [o] Fr. = vat; ‚rideau' [rido] Fr. = körten; äs o in ‚mot' [mo] Fr. = vöd; ton: o palilon in vöds Linglänik: ‚old' [oŭld] = bäldik; ‚no' [noŭ] = nö!
{ɔ}	ó	ó	äs o in ‚Dorn' [dórn] D. = spin; ‚dort' [dórt] D. = us; ‚kok' [kók] Ned. = hikvisinan; ‚not' [nót] Lin. = no; ‚sol' [šól] Fr. = glun.
{ɵ}	ŏ	o nen= tonik,	pron mu brefedikün tona: o in püks hebreyik (bal müratonas), suomiya=macarik, soäsä samo kanoy lilön in vöd Svedäna=laparik u Norgäna= laparik: kòlŏma u gòlŏmå = kil.
{ø}	ö, ò	ö	äs ö in ‚schön' [jön] D. = jönik; äs eu in ‚peu' [pö] Fr. = nemödik; ‚deugd' [döqd] Ned = tug.
{œ}	ö	ö	äs i in ‚sir' [šöř] Lin. = söl; äs œu in ‚sœur' [šör] Fr. = sör; äs u in ‚un' [óñ] Fr. = bal.
{u, ʊ}	u, ù	u	äs oo in ‚spoon' [špun] Lin. = spun; ‚book' [buk] Lin. = buk; äs u in ‚Buch' [buq̌] D. = buk; äs oe in ‚boek' [buk] Ned. = buk; äs ou in ‚rouge' [ruj] Fr. = redik; ‚ou' [u] Fr. = u.
{w}	ŭ	u nen= tonik,	äs o in ‚roi' [rŭá] Fr. = reg; ‚loi' [lŭá] Fr. = lon; ‚boire' [bŭar] Fr. = drinön; ton at palilon pos ton: o in vöds Linglänik ‚no' [noŭ] = nö! ‚snow' [šnoŭ] = nif; ‚soap' [šoŭp] = sob.
{y}	ü, ù	ü	äs ü in ‚Türe' [türĕ] D. = yan; äs u in ‚mur' [mür] Fr. = mön; äs û in ‚mûr' [mür] Fr. = madik; äs uu in ‚muur' [mür] Ned. = mön.

Tonata-foms	Nems.	Pron.
{ʏ}	ú	ú	äs **u** in ‚geluk' [qĕlúk] Ned. = läb; ‚plukken' [plúkĕn] Ned. = plŏkön.
{ɥ}	ŭ	ü nen-tonik,	ton at palilon in ‚lui' [lŭi] Fr. = omi; ‚puis' [pŭi] Fr. = poso.
{b}	b	be	äs **b** in ‚bed' [bäd] Lin. = bed; ‚bon' [bóñ] Fr. = gudik; ‚Bank' [báŋk] D. = bam; ‚boom' [bom] Ned. = bim.
{p}	p	pe	äs **p** in ‚paper' [peĭpĕr̂] Lin. = papür; ‚Post' [póšt] D. = pot; ‚pôle' [pol] Fr. = pov; ‚pop' [póp] Ned. = pup.
{d}	d	de	äs **d** in ‚dog' [dóg] Lin. = dog; ‚donner' [dónè] Fr. = givön; ‚Dieb' [dib] D. = tifan; ‚doen' [dun] Ned. = dunön.
{t}	t	te	äs **t** in ‚tear' [tir̂] Lin. = dren; ‚terre' [tär] Fr. = tal; ‚Turm' [turm] D. = tüm; ‚toon' [ton] Ned. = tonod.
{ð}	đ	đa	äs **th** in vöds Linglänik: ‚though' [đoŭ] = do; ‚there' [đär] = us; ‚brother' [brǻđĕr̂] = blod.
{θ}	ħ	ħa	äs **th** in vöds Linglänik: ‚thank' [ħáŋk] = dan; ‚thought' [ħåt] = tik; ‚three' [ħri] = kil.
{d} {t}	ḍ ṭ	ḍa ṭa	tonats tel at: ḍ e ṭ jonidons ad malön pala-tatonatis in natapüks difik dabinölis, as sam in yaf, in sanskrit, … Pronölo palatatonatis: ḍ e ṭ no seitoy tipoti linega ta tuts löpik, soäsä dunoy pö pron tu-tatonatas: d e t ab geilikumo ta palat düfik.
{ᵥ}	ꜰ	ꜰa	äs **v** in ‚five' [fáĭf] Lin. = lul; ‚twelve' [twål̃f] Lin. degtel; ‚love' [löꜰ] Lin. = lóf; ‚vader' [ꜰadĕr] Ned. = fat; ‚vouw' [ꜰóŭv] Ned. = plif; ‚vuur' [für] Ned. = fil.
{f}	f	fe	äs **f** in ‚Feuer' [fóĭer] D. = fil; ‚fig' [fíg] Lin. = fig; ‚fin' (fáñ) Fr. = fin; ‚fraai' [fraĭ] Ned. = jönik; ‚fijn' [fǻĭn] Ned. = feinik.
{v}	v	ve	äs **v** in ‚vin' [vǻñ] Fr. = vin; ‚viaggio' [viádcĭo] Lit. = täv; as **w** in ‚Wasser' [váśĕr] D. = vat.

Tonata-foms	Nems.		Pron.
{w}	w	wa	äs **w** in ,**world**' [wṓld] Lin. = vol; ,**wil**' [wíl] Lin. = vil; ,**zwei**' [žwáï] D. = tel.
{h}	h	he	äs **h** in ,**hé**' [hi] Lin. = om; ,**hole**' [hoŭl] Lin. = hog; ,**Haar**' [har] D. = her; ,**huis**' [hőĭš] Ned. = dom.
{ħ}	ᶜh	ᶜha	malon eli h vemiko pahaugöli, as sam: tonat Larabänapükik: ⟨ʒ⟩
{ɣ}	q	qa	äs **g** in ,**Tag**' [taq] D. = del (soäsä vöd at: ,**Tag**' papronon in Nolüda-Deutän); ,**goed**' [qud] Ned. = gudik; ,**geld**' [qåld] Ned. = mon; äs **ch** in ,**Leiche**' [láïqĕ] D. = fun.
{x}	q̆	q̆a	äs **ch** in ,**auch**' [áŭq̆] D. = i; ,**Buch**' [buq̆] D. = buk; ,**lachen**' [láq̆ĕn] Ned. = smilön; ,**kracht**' [kráq̆t] Ned. = näm.
{g}	g	ga	äs **g** in ,**geben**' [gebĕn] D. = givön; ,**goose**' [guš] Lin. = gan; ,**great**' [greït] Lin. = gretik; ,**garçon**' [gáršóñ] Fr. = pul; ,**goutte**' [gut] Fr. = tof.
{k}	k	ke	äs **k** in ,**key**' [ki] Lin. = kik; ,**Kopf**' [kópf] D. = kap; ,**kat**' [kát] Ned. = kat; äs **c** in ,**colour**' [kålĕř] Lin. = köl; ,**canard**' [kanar] Fr. = dök.
{q}	ḳ	ka	jonidon ad malón in vöds pükas lofüdänik anik finatonati: k, kel ti no palilon, bi pö pron pade-breikon brefiko. Sams: vöds maläyik: **banjak** [bá-ñáḳ] = mödik, **doedoek** [dùduḳ] = seadön.
{j}	y	ye	äs **y** in ,**year**' [yiř] Lin. = yel; ,**you**' [yu] Lin. = ol; äs **j** in ,**ja**' [ya] D. = si! ,**Jahr**' [yar] D. = yel; ,**jeugd**' [yöqd] Ned. = yun.
{l}	l	le	äs **l** in ,**leaf**' [lif] Lin. = bled; ,**laufen**' [laŭfĕn] D. = rönön; ,**livre**' [livrĕ] Fr. = buk; ,**lezen**' [lesĕn] Ned. = reidön.
{m}	m	me	äs **m** in ,**machine**' [mĕǰin] Lin. = cin; ,**mère**' [mär] Fr. = mot; ,**Mond**' [mond] D. = mun; ,**man**' [mán] Ned. = man.
{n}	n	ne	äs **n** in ,**nose**' [noŭs] Lin. = nud; ,**nom**' [nóñ] Fr. = nem; ,**neun**' [nóïn] D. = zül; ,**neen**' [nen] Ned. = nö!

Tonata-foms	Nems.	Pron.
{ɾ, R, ʀ} r	re	äs r in ‚rain' [reĭn] Lin. = rein; ‚rot' [rot] D. = redik; ‚rat' [ra] Fr. = rat; ‚rug' [rŭq] Ned. = bäk.
{r} ř	řa	äs r in ‚dream' [dřim] Lin. = drim; äs rr in ‚sierra' [šiářa] Sp. = belem.
{ɹ} ȓ	ra mü=ätöfik	jonidon ad malön eli r ti no palilöli in vöds Linglänik, a.s.: ‚learn' [lőřn] = lärnön; ‚letter' [lǎtěř] = tonat; ‚care' [keř] = kud.
{ɢ} ġ	ġa	jonidon ad malön tonati Larabänapükik: ع. Tonat at papronon ze äs qř.
{ŋ} ŋ	ŋa	äs ng in ‚thing' [ħíŋ] Lin. = din; ‚length' [lǎ̆ŋħ] Lin. = lunot; ‚singen' [siŋĕn] D. = kanitön; ‚slang' [šláŋ] Ned. = snek.
{ɲ} ñ	ña	äs ng in ‚régner' [reñe] Fr. = reigön; ‚montagne' [móntáñĕ] Fr. = bel; äs nj in ‚Spanje' [špáñĕ] Ned. = Spanyän; ‚franje' [fráñĕ] Ned. = kvated.
{˜} ȋ	na	jonidon ad malön nudatonatis Fransänik: n e m, dub kels vokats tonatis at foöls cenons in nudavokats (= ‚voyelles nasales' [vŭayál nasal] Fr.). A. s.: ‚temps' [táȋ] = tim; ‚comte' [kóȋt] = graf; ‚fin' [fǎȋ] = fin; ‚un' [őȋ] = bal.
{z} s	se	äs s in ‚reisen' [raĭsĕn] D. = tävön; ‚maison' [mäsóȋ] Fr. = dom; äs z in ‚zeal' [sil] Lin. = zil; ‚zèle' [säl] Fr. = zil; ‚zoon' [son] Ned. = son.
{s} š	ša	äs s in ‚Sklave' [šklafĕ] D. = slafan; ‚salt' [šǎlt] Lin. = sal; ‚kust' [kŭšt] Ned. = jol; äs ss in ‚casser' [kášè] Fr. = breikön; ‚glass' [glaš] Lin. = glät.
{ʒ} j	je	äs s in ‚pleasure' [pläjěř] Lin. = plüd; ‚occasion' [ókèïjĕn] Lin. = pöt; äs j in ‚jardin' [jardǎȋ] Fr. = gad; ‚jouer' [jue] Fr. = pledön; äs g in ‚pigeon' [pijóȋ] Fr. = pijun.
{ʃ} ǰ	ǰa	äs sh in ‚sheep' [jip] Lin. = jip; ‚shot' [jŏt] Lin. = jut; às ch in ‚chapeau' [japo] Fr. = hät; ‚choix' [jŭá] Fr. = väl; äs sch in ‚schön' [jön] D. = jönik; ‚Busch' [buǰ] D. = fotül.

Tonata-foms	Nems.		Pron
{dʒ}	c	ce	äs **j** in ‚joy' [cóĭ] Lin. = fred; ‚justice' [cầštiš] Lin. = gid; äs **g** in ‚age' [eĭc] Lin. = bäldot; ‚gia' [cĭa] Lit. = ya; ‚giorno' [cĭórno] Lit. = del.
{tʃ}	č	ča	äs **ch** in ‚church' [čôřč] Lin. = glüg; ‚chair' [čeř] Lin. = stul; ‚child' [čáĭld] Lin. = cil; äs **c** in ‚cecità' [čečita] Lit. = blein; ‚cigno' [čìño] Lit. = svan; ‚cinque' [čìnkwe] Lit. = lul.
{gz}	x	xe	äs **x** in ‚example' [ĕxampĕl] Lin. = sam; ‚exact' [ĕxầkt] Lin. = kuratik; ‚exact' [ầxákt] Fr. = kuratik; äs **gs** in ‚figs' [fix] Lin. = figs.
{ks}	x̌	x̌a	äs **x** in ‚exchange' [ĕx̌čeĭnj] Lin. = tök; ‚exile' [ầx̌-aĭl] Lin. = xil; ‚six' [šíx̌] Lin. = mäl; ‚existenz' [ầx̌ištầnž] D. = dabin; ‚exemplaar' [ầx̌ĕmplàr] Ned. = samäd; äs **chs** in ‚Büchse' [büx̌ĕ] D. = büg.
{dz}	z	ze	äs **ds** in ‚birds' [bôřz] Lin. = böds; ‚lands' [lầnz] Lin. = läns; ‚he reads' [hi riz] Lin. = reidom; äs **zz** in ‚mezzo' [mầzo] Lit. = lafik.
{ts}	ž	ža	äs **z** in ‚zehn' [žen] D. = deg; ‚zahlen' [žalĕn] D. = pelön; ‚zucchero' [žùkero] Lit. = jueg; äs **cz** in ‚czar' [žař] Lin. = zar; äs **ts** in ‚hats' [hầž] Lin. = häts.
{ʘ}	⊙	klika-mal	Mal at jonidon ad malön klikatonis in püks Frikopik semik dabinölis, e papenon fo konsonat, kel papronon ko klik.

12. Mal: ` sus vokat panemon **kazetamal vätik** e mal: ´ **kazetamal nevätik**. El ˘ binon **nentonmal**.

Do kazetamal vätik komädon plu sus vokats tenedik e kazetamal nevätik plu sus vokats brefedik, kazetamals at no jonidons ad malön tenedi u brefedi vokatas. Jonidons te ad givülön vokates proni patik onas. Vokats nen kazetamal ni nentonmal: a, e, i, o, u, ä, ö, ü, å pareidons kuratiko ön mod ot äs vokats ko kazetamal vätik: à, è, ì, ò, ù, ầ, ồ, ừ, ầ. Kazetamal nevätik e nentonmal binons ye dils nedeteilovik tonatas, lü kels dutons.

Sams. In pronimag vöda Nedänik: ‚scheerzeep' (= jeifasob):

[šq̈èrsep] el è labon toni ebo ot äs el e. In ets vödas: ‚Hindin'
D. (= jistäg): [hìndin] e ‚Hindernis' D. (= neletian): [hìndĕrniš]
els ì ed i i labons toni ot.

13. Ad distidön **vokatis tenedik** e **brefedikis** de od pladoy
lienili horitätik: _ dis vokat tenedik e lienili blegik: ⌢ dis vokat
brefedik. A.s.: ‚**und**' [u̞nd] D. = e: ‚**Kuh**' [ku̞] D. = kun; ‚**but**'
[bǎt] Lin. = ab; ‚**learn**' (lǎ̊n] Lin. = lärnön; ‚**neuf**' [no̤f] Fr. =
nulik; ‚**sœur**' [šȫr] Fr. = sör.
Kösömiko pladam lienilas dis vokats no ozesüdon, bi duled
vokata gretadilo pafümeton fa konsonats, kels sökons oni, e fa
plad, keli labon in vöd. Pato duled vokata i sekidon de dinäd,
va silab, in kel komädon, labon kazeti u no.

14. El ĕ jonidon ad malön **vokati nentonik**. Labon toni ela ŏ
vifiliko papronöla. El ĕ soelik u peyümöl ko konsonats bal u
mödikums fomon suvo finasilabi nentonik. A. s.: ‚**Familie**' [f̌amìliĕ]
D. = famül; ‚**Armeen**' [ármĕ̈n] D. = milits; .**occident**' [óx̌idĕnt]
Lin. = vesüd; **sable**' [šablĕ] Fr. = sab.
Vokats nentonik votik: ĭ, ŏ, ŭ, ü̆ kösömo no fomons silabi pa=
tik. Tonats at dalons palilön te pülilo bü, pos u bü e pos vokat,
telvokat u kilvokat lü kels dutons. A. s.: ‚**giorno**' [cĭórno] Lit. =
del; ‚**bei**' [báĭ] D. = lä; ‚**by**' [báĭ] Lin. = lä; ‚**ei**' [áĭ] Ned. = nög;
‚**how**'? [háŭ] Lin. = lio? ‚**day**' [deĭ] Lin. = del; ‚**Heu**' [hóĭ] D. =
sigayeb; ‚**Häuser**' [hóĭsĕr] D. = doms; ‚**boy**' [bóĭ] Lin. = pul;
‚**no**'! [noŭ] Lin. = nö! ‚**huis**' [hóĭš] Ned. = dom; ‚**point**' [pŭ̈äñ] Fr. =
pün; ‚**puis**' [pü̆i] Fr. = pos at.
Vokats nentonik kanons i pagebön ad notodön proni vokatas
mu brefedikün pükas semik. Samo els ǎ, ä̆, ĕ, ŏ kanons magulön
müratonis hebreya, els ǎ, ĭ, ŭ, ü̆ vokatis brefedikün Rusänapüka,
els ǎ, ä̆, ĕ, ŏ, ŭ etis pükas suomiya=macarik, ...

15. Tefü **kazet** in vöds me tonats fonetik pepenöls noms sököl
lonöfons.
a. Tefü vöds ko silabs leigalonöfik kazet ai binon su finasilab.
If vöd somik peteilon fa yümamalül: - ad dils tel, kazet pö jenet
at binon su silab, mögädo su silab lätik, dila balid, kludo su
silab nemediko fo yümamalül. A. s.: ‚**chapeau**' [ĵapo] Fr. = hät;
‚**vérité**' [verite] Fr. = verat; ‚**until**' [ǎntíl] Lin. = jü; ‚**Erfolg**' [ǎrfólq]
D. = sek; ‚**Afrikaan**' [afrikan] Ned. = Frikopan; ‚**rapport**' [rápórt]

Ned. = nunod; ‚Sofa' [so-fa] D. = söf; ‚Feigheit' [fáĭq-háĭt] D. = dredöf; ‚hoorbaar' [hor-bar] Ned. = lilamovik; ‚Januari' [yanüa-ri] Ned. = yanul. (Leigodolöd penunölosi isik i lä bagafadils: ä. 2ido e b. bagafa at!)

ä. In vöds silabis ko vokats neleigalonöfik laböls

1ido vokats ko e nen kazetamals buons tefü vokats nentonik.

In vöds somik silabi ko u nen kazetamal e silabi ko vokat nentonik laböls, kazet binon su silab ko vokat ko u nen kazetamal. A. s.: ‚Vater' [fatĕr] D. = fat; ‚horison' [hĕráĭsĕn] Lin. = horit.

2ido silabs ko kazetamal buons tefü silabs nen kazetamal (e kludo i tefü silabs ko vokats nentonik).

In vöds silabis somik laböls kazet binon su silab ko kazetamal. A. s.: ‚Sofa' [sòfa] D. = söf; ‚hoorbaar' [hòrbar] Ned. = lilamovik (l. bagafadili: § 15. a!); ‚décembre' [dešáñbrĕ] Fr. = dekul.

3ido kazetamals vätik buons tefü kazetamal nevätik (kludo vokats ko kazetamal vätik buons i tefü vokats nen kazetamals e tefü uts ko nentonmals).

In vöds silabis ko e nen kazetamals vätik laböls, kazet binon su silab ko kazetamal vätik. A. s.: ‚Vaterland' [fàtĕrlánt] D. = lomän; ‚aannemen' [àn-nemĕn] Ned. = lüsumön; ‚experience' [ĕx̌pìriĕnš] Lin. = plak.

b. If vöd fa yümamalüls bal u mödikums ad dils tel u mödikums peteilöl labon silabis neleigalonöfik, bevü kels silabs leigalonöfik tel u mödikums komädons, te silab tefik fo yümamalül, mögädo fo yümamalül balid, labon kazeti, mögädo lekazeti. (Leigodolöd penunölosi isik lä § 8. e bagafadil: § 15. a!). A. s.: ‚curiosity' [kyurió-sítí] Lin. = nuläl; ‚Bettlerherberge' [bȧtlĕr-hȧrbȧrgĕ] D. = lulotidöp lubeganas; ‚uitvinden' [ŏĭt-fíndĕn] Ned. = datuvön.

16. Näikazet kanon pamalön dub teil lönedik vöda ad dils tel, kelas dil bal labon lekazeti e dil votik näikazeti. Vü dils tel at u teilamalül: - u yümamalül: - papladon ma zesüd. As sam vöd: ‚Dampfschiffahrt' = stemanafam. Vöd Deutänapükik at kanon pekoboyümön me vöds: ‚Dampf' [dámpf] = stem e ‚Schiffahrt' [jìffart] = nafam, u me vöds: ‚Dampfschiff' [dámpfjif] = stemanaf e ‚Fahrt' [fart] = vegam. Pö jenets bofik lekazet binon su silab balid: ‚Dampf', ab näikazet binon pö jenet balid su silab: ‚schiff' e pö jenet telid su silab: ‚fahrt'. Atos kanon pamalön fonetiko dub [dámpf-jìffart] pö jenet balid e dub [dámpfjif-fart] pö jenet telid.

14

If kazets in dils tel vöda ze leigons, in pronimag dils at papenons soeliko, kluo editölo nen geb malüla anik. A. s.: ‚blutrot' [blut rot] D. = bludaredik; ‚Hessen-Nassau' [hášěn nášaŭ].

17. In Tsyinänapük vöds semik getons siämis difik ma **tonodalöpot** in kel pasagons; i spikatonod at muton pamalön. Kleran: **E. G. Tewksbury** [tyùxběri] edatikom Tsyinänanes lafabi Tsyinänik fonetik me tonats 39 e malüls 13 binädöli. Ad malön tonodi balid pladom lienili brefik dis gul nedetadonik vöda; ad malön tonodi telid pladom püni bigik tö plad ot, pro tonod kilid püni bigik sus gul nedetalöpik; pro tonod folid püni bigik sus gul detalöpik e pro tonod lulid püni bigik dis gul detadonik. Ba büdül at kanon pagebön i in Volapük ad malön sagi in spikatonods difik vödas Tsyinänik.

NOET : 4. Ad vitön misuemi is pakleilükos kazeto reidane, das lafab fonetik Vpik no jonidon ad pladulön lafabis fonetik dabinik fa nolavans difik pro geb pükavik pedatikölis. Lafab fonetik Vpa jonidon te ad pagebön in penäds e bükots Volapükiks.

LAFAB TONATAS LATINIK.

18. **Lafab tonatas latinik** natapükas ninädon
1ido tonatis lafaba Volapükik,
2ido tonatis lafabas natapükas, kels papenons me tonats latinik,
3ido tonatis lafaba latina it,
4ido leigätodis latinik tonatas lafabas natapükas dabinik veütikün no me tonats latinik papenölas, e
5ido leigätodis latinik tonatas lafabas vönik veütikün, kels no pipenons me tonats latinik.
Tonats at paleodons ma foms okas, e no ma siäm u pron oksiks.
Lafab kilid at jonidon te ad givülön tonates leigafomik pükas difik pladi fümik in ked tonatas, dat suk vödas natapükik in vödabuks Volapükik pelasumölas e pulasumölas kanon padunön fasiliko.
Büfiko tonats no nog valiks löpo in bagafadils: 4ido e 5ido pediseinöls kanons palasumön in lafab at, bi pro püks in bagafadils at pediseinöls leigätatonats somik no nog pelonons bevünetiko. Sekü nun at sekos, das lafab kilid at nog binon nelölöfik, e das no kanon vedön lölöfikum, büä stips löpo penemöls pufölons-la.

19. Lafab kilid büfiko labon tonatis sököl:

a, A, à, À, á, Á, â, Â, ā, Ā, ȧ, Ȧ, ä, Ä, å, Å, ã, Ã, ą, Ą,

b, B,

c, C, ć, Ć, č, Č, ç, Ç,

d, D, ḍ, Ḍ,

đ, Đ,

e, E, è, È, é, É, ê, Ê, ě, Ě, ē, Ē, ė, Ė, ę, Ę, ẽ, Ẽ, ë, Ë,

f, F,

g, G, ġ, Ġ,

h, H, ḥ, Ḥ,

i, I, ì, Ì, í, Í, î, Î, ı, Ī, ĩ, Ĩ,

j, J,

k, K, ḳ, Ḳ,

l, L, ḷ, Ḷ, ł, Ł,

m, M,

n, N, ñ, Ñ,

o, O, ò, Ò, ó, Ó, ô, Ô, ō, Ō, ȯ, Ȯ, ő, Ő, ö, Ö,

ø, Ø,

p, P,

q, Q,

r, R, ř, Ř,

s, S, š, Š, ş, Ş, ṣ, Ṣ,

t, T, ṭ, Ṭ, ţ, Ţ, ṱ, Ṱ,

ħ, Ħ,

u, U, ù, Ù, ú, Ú, û, Û, ū, Ū, ü, Ü, ű, Ű, ů, Ů,

v, V,

w, W,

x, X,

y, Y, ý, Ý, ij, IJ,

z, Z, ž, Ž, ẓ, Ẓ.

MAYUDS E MINUDS.

20. In vödem Volapükik papenons me **mayud**

1ido in prosad vöd balid seta.

2ido in poed vöd balid seta, e vöd balid liäna balid liänema alik u strofa alik poedota.

3ido lönanems godas e pösodas.

If famülanem u tribütanem pösoda binädon me vöds tel u mödikums, vöd balid ona ai papenon me mayud. Vödas retik nema te uts papenons me mayud, kels i in natäpük lönik okas papenonsöv me mayud.

4ido lönanems taledavik.

5ido nem Goda e vöds valik, kels malons Oni (Omi).

6ido vöd: Volapük, if me at padiseinon pük valemik, pedatiköl fa ,Schleyer'.

7ido vöds valik, kels pedefomons de vöds me mayud papenöls.

8ido vöds natapükik no pevotükölo in võdem Volapükik pa= saitöls, if papenonsöv i me mayud in pük lönik okas.

21. Me **minuds** papenons in võdem Volapükik

1ido nems delas viga, mulas, relas, zäladelas, vienüdas e nems pükas e netas no de taledavanems pedefomölas.

2ido tiäds pösodas.

3ido vöds retik valik seta, kels no mutons papenön me mayud sekü noms in § 20 penunöls.

NOET: 5. Pö koboköm obas in Wienacht söl: ,Sprenger' ädu= nidükom säkädi, va no binos-la vipabik ad gebön in Vp. te minudis. Dü bespik dö prinsip ela ,Schleyer' ad penön pro ton alik mali te bali, lofüdänan semik äküpetom, das prinsip at no päfölon fa Vpans it, bi gebons pro ton alik e mayudi e minudi. Söl.: ,Sprenger' äjonöm lü telegraf e stenograf, pö kels i te minuds pagebons, e lü gaseds anik in Jveizän, kels pubons löliko in minuds. Äcedom, das geb te minudas obalugükonöv Vpi. I äcedom, das dub penam nema Goda me minud no ludämoyöv dalestümi pro Valanämädal, bi kanoy saidiko stimön Omi ön mods votik e zuo stim pro God no sekidon de geb u nogeb mayuda.

Ni söl: ,Sleumer' ni ob äkanobs sludön ad finidön mayudis in Vp. In vödems me tonats latinik mayuds binons so valemiko geböfiks ed obs ekösömikobs so vemo pö geb mayudas, das finid onas vero no ofruton. Geb e mayuda e minuda binon sek volfa= jenäda dü tumyels. Primo i latin te päpenon me tonats sota balik, sevabo me mayuds. Utos, kelos ekodon davedi fomas tel pro tonat bal, ba kanon no plu patuvedön, ab no kanoy noön, das dabin e mayuda e minuda i labon fruti. Geb fomas bofik givon lovelogami gudikum võdema, lelogädükön lelogädabikosi e fölon flagis güta.

22. **Lafab fonetik** no labon mayudis, klu vöds valik proni malöls ai papenons me minuds.

MALÜLS.

23. **Pün:**. papladon
1ido po set, kel no ninädon säki, büdi, vipi u vokädi.
2ido po vöds u notodots soeliks.
3ido po brefods.

24. **Liunül:**, papladon
1ido vü sets, kels pakobiotanons ad pluset.
2ido in set valöpo uto, kö demü kleil zesüdon.

25. **Pünaliunül:**; pagebon uto, kö pün no lönedon, klu vü sets, kels tefidons nog bosilo de od.

26. **Telpün::** papladon
1ido ad saitön vödiko pesagölosi u pepenölosi.
2ido lä numäds.
3ido lä läyümods (l. § 215!).

27. **Säkamalül:?** papladon po säk.

28. **Lintelekamalül:!** papladon
1ido po büd, po vip e po vokäd.
2ido po lintelek.
3ido po vokatif.

29. **Stripül:** — papladon fo e po vüset u notodot, kels binons lölöfiko plödü setatanam.

30. **Finahukir:**< papladon po saitot, po numäd u po läyümod, üf no pafinükons me malül votik.
Kanoy i leadön moön finahukiri, if saitot, numäd u läyümod pemalons so kleiliko ön mod votik, das no laboy doti anik tefü finod onas.

31. **Kläms:**(), [ ], ... pagebons zü vöds, vödeds, pläns, tradutods, pronimags, ... kels lölöfiko binons plödü setatanam.

32. **Debreikamalül:** ... pagebon
1ido if set padebreikon sekü kod seimik, büä finon.
2ido in numäds pla vöds: e ret, e reta, ... u pla brefod: e r.

33. Saitamalül: „ ” jonidon ad malön saitoti, e **foginamalül**: ad malön in vödem Volapükik vödi foginik.

Po lartig kanoy moädön foginamalüli.

34. If dils vöda no pakobiopenons, kanoy dagebön malülis tel ad pladön vü dils at: **yümamalül**: - e **teilamalül**: -.

A. Yümamalül papladon

1ido fo **li** e **la**.

2ido in penät fonetik ad malön, das lekazet binon in dil balid vöda, a.s.: ,**curiosity**' [kyurió-šítí] Lin. = nuläl.

3ido in foginavöds, in kels malül at nato komädon, a.s.: ,**arc-en-ciel**' [arkáñšĭál] Fr. = reinabob.

Ä. Teilamalül pagebon

1ido üf vöd muton pateilön sekü kod seimik ad silabs (samo: len fin kedeta) ud ön mod votik.

Pö teil ad silabs, vöd kanon pateilön ad **spikasilabs**, a. s.: **Vo-la-pük** ud ad **pükasilabs**, a. s.: **Vol-a-pük**. Len fin kedeta vöd pateilon ai ad spikasilabș.

2ido in koboädavöds, if lim telid beginon me mayud, a. s.: **Nolüda-Merop**.

3ido in koboyümavöds, if lims bofik koboyumota binons leigalonöfiks, a. s.: **general-maredal, lampör-reg**.

35. Malüls votik in vödem Volapükik pageböls binons:

1ido **bagafamalül**: §.

2ido **noetamalüls**: stelül: *, krodül: †, ...

3ido **malüls matematik**: leigamalül: =, kobonumamalül: +, detiramalül: —, naedamamalül: ×, dilamamalül: :, ...

4ido **malüls in ted**: dötumamalül: %, dolaramalül: $, ...

...

DILÄD: II.

FOMIR.

A. NOETS VALEMIK.

36. In Volapük **vödabids** deg binons, sevabo:

1. subsat,	6. värb,
2. lartig,	7. ladvårb,
3. ladyek,	8. präpod,
4. numavöd,	9. konyun, e
5. pönop,	10. lintelek.

37. Volapük labon **numis gramatik** tel:

    1. **balnum,** e   2. **plunum.**

38. Volapüko plunum pafomon ai dub lenlägam tonata: s len vöd balnumik tefik.

39. In Volapük´ distinoy **genis gramatik** kil:

    1. **gen manik,**   2. **gen vomik,** e   3. **gen neudik.**

40. Volapük labon **deklini** te bali e **konyugi** te bali. **Deklinamals** binons ai so:

Nems deklinafomas.	Balnum.	Plunum.
1. Nominatif,	—	— s
2. Genitif,	— a	— as
3. Datif,	— e	— es
4. Kusatif,	— i	— is
5. Vokatif,	o — !	o — s !

Tefü konyug logolöd kapiti: F !

Ä. SUBSAT.

41. **Gen gramatik** vödas, kels sinifons godis, pösodis, nimis, e planis (u floris) manikis, binon manik.

Vöds, kels sinifons godis, pösodis, nimis e planis (u floris) vomikis, labons geni vomik.

Gen vödas votik valik binon neudik.

Plan, yeg u suemod neyegik papösodöls lüsumons geni pösodas, kelis elüsumons.

42. Valemo **nems dabinädas lifik** sinifons bidis dabinädas, nendas gen onas patikon. A.s.: **men, flen, bub, kat.**

De vöds neudik at, **vöds manik** pafomons dub pladam foyü= mota: **hi=** fo vöds tefik. A. s.: **hireg, hiflen, hikat, hidog.**

Vöds vomik pafomons dub pladam foyümota: **ji=** pla foyümot: **hi=** fo vöds neudik tefik. A. s.: **jireg, jiflen, jikat, jidog.**

Näi vöds manik e vomik pefomöls me foyümots: **hi=** e **ji=** < vöds patik binons, kels no pedefomons me foyümots at de vöds votik. Sams:

man	e	himen,	vom	e	jimen,
fat	c	hipal,	mot	c	jipal,
tor	e	hibub,	kun	e	jibub.

43. **Nems elas ,castrati'** [káštràti]: dabinäds penegenüköl < pafomons me foyümots: **ho=** e **jo=.** A.s.: **homen, hojevod, hobub, hogok, jobub, jogok,** ...

Pro vödidefomams votik logolöd Dilädi IIIid !

44. **Deklin subsata** binon so (l. i. § 40 !):

	Balnum.	Plunum.
1. nom.	dog,	dogs,
2. gen.	doga,	dogas,
3. dat.	doge,	doges,
4. kus.	dogi,	dogis,
5. vok.	o dog!	o dogs!

Pro deklin foginavödas logolöd kapiti sököl !

B. LARTIG.

45. **Lartig Volapükik** binon: **el**. Kanon lüsumön fomis manik
e vomiki: **hiel** e **jiel**. Padeklinon äs subsat (l. §§ 40 e 44!).

46. Dub foms difik oka: **el, hiel, jiel** < lartig binon genavöd,
e dub deklinafoms oka binon polian deklinafoma. Vöds ko lartig
fo oks kludo no nedons padeklinön; te lüsumons in plunum
plunumafomi.

Samo **el** ‚**Edelweisz**' [èdĕlvaĭš] = ‚gnaphalium leontopodium
Scop,' [gnáfàlium leóntópòdium škòpoli] padeklinon so:

	Balnum.	Plunum.
1	el Edelweisz,	els Edelweisze,
2	ela Edelweisz,	elas Edelweisze,
3	ele Edelweisz,	eles Edelweisze,
4	eli Edelweisz,	elis Edelweisze,
5	o el Edelweisz!	o els Edelweisze!

In vokatif kanoy moädön lartigi, kluo: o ‚**Edelweisz**'! in balnum,
ed o ‚**Edelweisze**'! in plunum.

NOET: 6. El, ‚**Scop**.' po nem nolavik plana at binon brefod
ela **J. A. Scopoli** [i a škòpoli].

NOET: 7. Soäsä penunos löpo, vöds natapükik no padeklinons
in vödem Volapükik; te lüsumons in plunum plunumafomi. Demü
atos ozesüdos, das tefü foginavöds lüsumabik in vödabuks Vola-
pükik i plunumafoms onas panunons. Pato atos omuton padunön
in vödabuk siklopedik, keli kadäm i desinon ad pübön.

47. If geboy in vödem Volapükik vödis natapükik, kanos
zesüdön pö jenets patik ad lenyümön len lartig poyümoti seimik.
So kanoy gebön

eli **-an** ad malön pösodi: elan, hielan, jielan,
„ **-af** „ „ nimi: elaf,
„ **-ep** „ „ plani: elep,
„ **-än** „ „ läni: elän,
„ **-eän** „ „ nisuli: eleän,
„ **-el** „ „ meli: elel,

eli	=ak	ad	malön	laki:	elak,
„	=äd	„	„	stelädi:	eläd,
„	=ed	„	„	beli:	eled, ed
„	=ot	„	„	yegi:	elot.

48. **Lartig** pagebon

1ido fo vöds natapükik, kels blebons no petradutöls in Volapük.

2ido fo notodots pekoboseidöl, e

3ido fo vöds u fo dils vödas: silabs, yümots, tonats < kels binons plödü setatanam, e kels demü kod at no padeklinons, u kels it binons nedeklinoviks.

49. If kleil dubo no padämükon, lartig kanon pamoädön in nominatif balnuma ed in vokatif, e fom neudik: el kanon pagebön pla foms manik e vomik: **hiel, jiel.** Sams:

El ‚The Times' [đě táĭms] binon delagased Linglänik gretik, kel papübon in ‚London' [lânděn].

Elogol-li **eli Genova** [cènova]? Si! ebinob us ed elogob mebamali **ele Cristoforo Colombo** [kríštòforo kolómbo] pededietöli.

Belödans **ela London** [lânděn] nemons **hielis** ‚Yeomen of the Guards' [yóŭměn óf đě gaŕz] cogiko nog suvo **elis** ‚Beefeaters' [bífítěŕs].

Tüm: ‚**Eiffel'** [äfâl] binon bumot geilikün vola, binon igo geilikum ka el ‚**Woolworth Building'** [wulwěŕḣ bíl-díŋ]: bumot geilikün **ela** ‚**New York'** [nyuyâŕk].

C. LADYEK.

50. **Ladyek** labon finasilabi: =ik, me kel ai binon sevädovik. Sams: **jönik, pöfik, blägik.**

51. Kösömö **ladyeks** binons nemediko po subsat, lü kel dutons. Pö jenet at ladyek no padeklinon; if papladon ye fo subsat, ud if padeteilon fa vöds votik: no ladyeks < de subsat oka, ladyek lensumon deklinamali subsata, lü kel duton. Sams: **doga gretik; jipule löfik; fati gudik; bels geilik.** Löfom **jöniki musigi zelik. Mödiks tävans** lekani löföls elogons nilü ‚Roma' [ròma] **failotis** de tumyels vöna licinikis.

52. If ladyek soelon, klu if no patanon len subsat, padeklinon äs subsat. A.s.: Sumolöd penis gretik, e givolöd obe **smalikis**

53. If ladyek soelöl malon pösodi, defomoy de on subsati dub lenlägam poyümota: =an. A.s.: **Liegikans e pöfikans.**

54. If patöf, keli ladyek notodon, patikodon soelölo, kanoy defomön de ladyek at subsati dub lenlägam poyümota: =os. Subsat so pedefomöl diston boso tefü subsat rigik, de kel ladyek tefik pidefomon. Leigodoyöd sinifis vödas: gud e **gudikos** in sams sököl! **Gud voma at** binon levemo gretik.
Gudikos yegeda at moikon dub stül grobik, ön kel pelauton.

55. Plä fom me el =ik finiköl ladyeks labons nog gramatafomis ad leigodön dinis difik. Tefü **leigodam gramatik** at distidoy gredis kil, sevabo:

1. **fümafom,**　　2. **pluamafom,**　　3. **muamafom.**

Fümafom ladyeka binon fom, kel finikon me el =ik. **Pluamafom** pafomon dub lenlägam poyümota: =um, e **muamafom** dub lenlägam poyümota: =ün len fin fümafoma ladyeka. Sams:

gudik,	gudikum,	gudikün;
nulik,	nulikum,	nulikün;
yuniκ,	yunikum.	yunikün.

56. **Konyun po pluamafom** (latino: ‚quam' [kwám, kvám]) binon el **ka.** A.s.: Planets fol binons gretikums **ka** tal.

57. **Muamafom** kanon malön gredi gretikün u patöfi in gred vemo gretik. If muamafom pagebon ad malön gredi gretikün, yeg u patöf tefik paleigodon lä votiks mödota seimik yegas u patöfas. Pö jenet at yegs u patöfs kösömo binons **in** genitif u pabefoons fa bal präpodas: **de** u **se.** Sams:
El Canopus [kánòpuš] binon **gretikün stelas logädik valik.**
De pods at son oma esumom **benosmekiküni.**
Jipulil ävälof **jöniküni** se pups ofe pijonöls.
Muamafom, kel malon patöfi in gred gretikün panemon **muamafom verik** e binon binälo fümafom pevemüköl. Muamafom verik at kanon dönu pavemükön me ladvärb: **mu.** Sams:
O vomül **löfikün!**
Flen **divodikün** ola.
Cil **mu plütülikün** at binon sonil bloda obik.

D. NUMAVÖDS.

I. NUMAVÖDS VOIK.

58. **Numavöds voik** binons:

1 =bal,	50 = luldeg,
2 = tel,	60 = mäldeg,
3 = kil,	70 = veldeg,
4 = fol,	80 = jöldeg,
5 = lul,	90 = züldeg,
6 = mäl,	100 = tum,
7 = vel,	101 = tumbal,
8 = jöl,	102 = tumtel,
9 = zül,	200 = teltum,
10 = deg,	201 = teltumbal,
11 = degbal,	1·000 = mil,
12 = degtel,	2·000 = telmil,
13 = degkil,	10·000 = degmil,
20 = teldeg,	200·000 = teltummil,
21 = teldegbal,	1·000·000 = balion,
22 = teldegtel,	1·000·000·000 = milbalion,
30 — kildeg,	1·000·000^2 = telion,
31 = kildegbal,	1·000·000^3 = kilion,
40 = foldeg,	0 = ser.

Numats numa pareidons nedetao detio, kludo bai sökaleod, in kel numats binons in num. Sagölo numis, numats, me kels nums binädons, no padeklinons. A. s.: 4·876·329 pareidos: **folbalion jöltumveldegmälmil kiltumteldegzül.**

59. As numavöds voik pacedons i nems sököl frakas degdilik:

0,1 = **dim** (degdil bal),

0,01 = **zim** (tumdil bal),

0,001 = **mim** (mildil bal),

0,000·1 = **dimmim** (degmildil bal),

0,000·01 = **zimmim** (tummildil bal),

0,000·001 = **balyim** (baliondil bal),

0,000·001^2 = **telyim** (teliondil bal),

0,000.001^3 = **kilyim** (kiliondil bal),

Vöds at no binons subsats, klu pö sag u reid fraka degdilik, vöds at no pasagons bü ab, no padeklinölo, pos sag numatas fraka. Samo

0,23 pareidos: **teldegkilzim,**

0,321·123: **kiltumteldegbalmil baltumteldegkil balyim,**

3,7: **kil e veldim.** (l. i § 67. 1^{ido}!).

60. Nums e numavöds papladons po subsats, lü kels dutons. If pagebons soelölo, numavöds kanons padeklinön äs subsats; pö jenets patik kanons igo lensumön foyümotis: hi- e ji- u poyümotis: **-an, -il,** ... A.s.: Cils mödik äbinons-li in sälun? Si! elogob us **tumis. Balan** äseadon e votikan äspaton.

II. NUMAVÖDS SÖKALEODIK.

61. **Numavöds sökaleodik** pafomons de numavöds voik dub lenlägam poyümota: **-id:**

1^{id} = **balid,**	17^{id} = **degvelid,**
2^{id} = **telid,**	23^{id} = **teldegkilid,**
10^{id} = **degid,**	143^{id} = **tumfoldegkilid.**

62. Papladons panedeklinölo po subsats okas. Sams: **cile folid; vigi mälid.**

Soelölo padeklinons äs subsats.

63. Lon Volapükik, das gretikumos u veütikumos buon tefü smalikumos u pülikumos, id in **däts** lonöfon. Bai lon at, seidoy, penölo samo däti löpo in penäds, yelanumi fo mul e muli fo muladel. Däti kanoy malön, dub pladön balugiko timadilis at po ods, u medü prafad kuratikum. Samo kanoy malön däti datuva Volapüka in mods sököl:

1879, 3, 31 ü 1879, III, 31.

1879, 3^{ul}, 31 ü 1879, III^{ul}, 31.

1879, 3^{ula} d. 31^{id} ü 1879, III^{ula} d. 31^{id}.

1879, mäzul, 31.

1879, mäzula d. 31^{id}, notodot lätik kelik pareidon: balmil jöltumveldegzül, mäzula del kildegbalid.

Klülos, das in vödem Volapükik däts i kanons panotodön in mod votik, bisä te demoy kleili e nomis gramata. So dät löpik kanon i panotodön samo dub: **ün del** 31^{id} **mäzula yela:** 1879.

64. Dub lenlägam poyümota: **-o** de numavöds sökaleodik lad-värbs kanons pafomön:

1^{ido} = **balido,** 2^{ido} = **telido,** ...

III. NUMAVÖDS NAEDIK.

65. **Numavöds naedik** pafomons de numavöds voik dub lenlägam
poyümota: **-na**: **balna, folna, tumna,** ... Sams:
$3 \times 3 = 9$: **kilna kil** binos: zül.
Ebinof **folna** in Linglän.

66. Dub lenlägam poyümota: **-ik** kanoy fomön de numavöds
naedik ladyekis. Sams:

balna,	balnaik,
telna,	telnaik,
...	

IV. KOBOÄDAVÖDS DE NUMAVÖDS PEFOMÖLS.

67. Koboyümölo numavödis ko vöds votik fomoy
I^{ido} dilanumis: **teldil, kildil, foldil, degdil, mildil,** ...
Vöds at binons subsats e kludo binons deklinoviks. Sams:
$$^1/_2 = \text{teldil bal,}$$
$$^2/_3 = \text{kildils tel,}$$
$$0,4 = \text{degdils fol,}$$
$$0,56 = \text{tumdils luldegmäl.}$$
Ägetom **foldilis kil** suäma at.
2^{ido} sotanumis e vödis de ons pedefomölis:

balsot.	balsotik,	balsotiko,
telsot,	telsotik,	telsotiko,
milsot,	milsotik,	milsotiko,
...		

3^{ido} dönuamanumis e vödis de ons pedefomölis:

balidnaed,	balidnaedik,	balidnaedo,
telidnaed,	telidnaedik,	telidnaedo,
kilidnaed,	...	

68. Dub lenlägam poyümotas: **-am, -ik, -ön** defomoy de nu-
mavöds **telamavödis**:

balam,	balik,	balön,
telam,	telik,	telön,
kilam,	kilik,	kilön,
...		

V. NUMAVÖDS NEFÜMIK.

69. If demoy te sinifi vödas, aniks subsats, ladyeks e pönops,

kels seimiko u bosilo notodons fomälodi numa, kanonsöv padü=
tedön numavödes nefümik. Lü vöds at dutons:

1. val, valod, möd, nemöd, löl, laf, plunaed, pluamanum,
mödanaed, ...

2. valik, valodik, mödik, mödikum, nemödik, lölik, lafik, sai=
dik, lätik, pluik, nonik, valasotik, mödasotik, ...

3. bos, nos,
al, alik, alan, alna,
an, anik, anan, anna,
öm, ömik, öman, ömna, ömnaik, ömsotik.

4. mödikna, valikna, nonikna.

5. kimid? kifid? kinid? kisid?

6. somödotid.

VI. NOTODOTS KO NUMAVÖDS PEFOMÖLS.

70. Dilädanums pafomons me präpod: a. Sams: a tel, a kilat,
a samäds fol, a lulid, ...

71. Timi kanoy notodön in mods difik. Sams:
Binos düp mälid göda.
Binos düp: tel e laf < poszedelo.
Binos: düpalaf bü fol.
Binos: düpalaf pos lul.
Binos: foldil bü düp mälid ün soar.
Binos: düpafoldil bü vel.
Binos: minuts deg pos düp degbalid neito.
Düps degtel zedela etonons.
Tren odevegon gödo tü düp: lul minuts foldegbal.

72. Bäldot.
Bäldoti kinik cil at labon-li?
Lifaẏelis liomödotik el, ,Anna' [ána] labof-li?
El ,Louis' [lui] labom bäldoti yelas degfol.
El ,John' [cón] labom lifaẏelis zül.
Edeadof bäldotü yels veldeg.
...

E. PÖNOP.

73. Pönops dutons lü grup vödas ut, kels malons pösodis,
mödotis, pladis, e tefis, nendas nemons onis, ni givülons ones
patöfis de binäls onsik sekidölis.

Padilädons ad:

1ido **pönops pösodik,**
2ido **pönops dalabik,**
3ido **pönops jonik,**
4ido **pönops säkik,**

5ido **pönops vokädik,**
6ido **pönops tefik,** e
7ido **pönops nefümik.**

I. PÖNOPS PÖSODIK.

74. **Pönops pösodik** padistidons in:
1. **pönops pösodik voik,**
2. **pönop (pösodik) geik,** e
3. **pönop (pösodik) rezipik.**
Padeklinons äs subsats.

75. **Pönops pösodik voik** binons:

Pösod gramatik	Fom	Balnum.	Plunum.
balid,	pö jenets valik,	ob	obs
telid,	kösömik,	ol	ols
	plütik,	or	ors
kilid,	manik,	om	oms
	vomik,	of	ofs
	neudik,	on	ons
	nefümik,	oy	(oys)
	neyegik,	os	—

Pösod kilid neyegik: **os** pagebon kösömo no nesekidiko, ab as pösodafinot värba stomi malöla u subyetaseti teföla.

Sams:
Kin edunon-li atosi? **Ob.**
Eblinob **ole** bukis.
Epenoy **ofes.**
Egetol-li penedi? Si! egetob **oni.**
Nifos.
Tonäros.
Reinos.
Skänos omi, das no pevüdom.
Binos veratik, das men tusuvo pacödon ma klotem oka.

29

NOET: 8. Cedü ob ba komandabos, ad lüükön pönopes löpik nog pönopi bal: og as **pösod plubalid pönopa pösodik**, efe ad malön, das spikan dö ok it spiköl otüpo i diseinon lüspikäbi. If givüloy sinifi at pönope: og, pönop at malon in balnum: **ob ud ol** < ed in plunum: **ob ed ol, ob ed ols, obs ed ol, obs ed ols.** Sams:

Si! atos muton padunön. Benö! **og kanogöv** dunön atosi (= ob **kanoböv** dunön atosi ud ol).

Ovisitogs omi (= ob ed ol ovisitobs omi, obs: ol ed ob < ovisitobs omi, ovisitob ko ol omi).

76. **Pönop geik** binon: **ok.** El ok jonidon pro gramatapösods valiko kils, ab kösömo pönop geik at te pagebon in gramata= pösod kilid. In pösods balid e telid geboy kösömo pla el ok pönopis pösodik voik. Samo:

elavob oki üd elavob obi,
elavol oki üd elavol oli,
elavof oki.

77. **Pönop rezipik** binon: **od.** Sams:
Ekolkömobs odi ya in legad.
Egivofs odes legivotis jönik.
Leigodolöd eli: **eflapons odi** lä set: **balan eflapon votikani!**

II. **PÖNOPS DALABIK.**

78. **Pönops dalabik** pafomons de pönops pösodik dub lenlägam poyümota ladyekik: **-ik** e paträitons demü atos as ladyeks: obik, obsik, olik, olsik, orik, orsik, omik, ... Sams:
Oselom domi okik.
Oselom domi omik.

79. Pla pönop dalabik kanoy gebön i pönopi pösodik in genitif. Atos jenon pato ad vitön kumami vödas me el **-ik** finikölas. Sams:
Dom obsik ü **dom obas.**
Elogob tabi klöpik gretik jönik ola.

NOET: 9. Genitif at pönopa pösodik pla pönop dalabik pegeböl panemon **genitif Grikänapükik.**

80. Leigoäs ladyeks pönops dalabik kanons pagebön neseki-

diko. If malons pösodis, pönops dalabik kanons lensumön finoti:
-an: obikan, olikan, ... Sams:
Givolöd obe buki ola ed ofiki!
Blod ola ed obikan binoms flens.

III. PÖNOPS JONIK.

81. Pönops jonik padistidons in:
1. pönops jonik voik: at, et, it, ot, e
2. pönop büojonik: ut.
Tefü pladam e deklin lobedons nomis ot, kelis ladyek e pönops
dalabik lobedons.
Kanons lensumön foyümotis: hi- e ji- e poyümotis: -an ed -os.
Sams:
Man at.
Vom et.
Labons vipis ot.
Of it mekof dinis at.
Kiodifikis gretotis mens labons! Si! ab atans binons patiko
smaliks.
Atosi osagoy-li ofe?

IV. PÖNOPS SÄKIK.

82. Pönops säkik binons:

Bid	manik	vomik	neudik	neyegik
nesekidik	kim	kif	kin	kis
ladyekik	kimik	kifik	kinik	kisik
sökaleodik	kimid	kifid	kinid	(kisid)

Al fomas difik pönopas säkik padeklinon e paträiton ma bid
oka, as subsat, ladyek u numavöd sökaleodik. Sams:
Kin espikon-li?
Kif okömof-li?
Kisi sagol-li?
Söli kimik ekolkömol-li?
Buki kinik oremol-li?
El π binon-li tonat kinid lafaba Grikänapükik?

83. Plä pönops säkik at nog laboy säkavödis pefomöl me sä-
kavöd: lio? e me säkafoyümot: ki-?.

Vöds me el lio pefomöls binons samo: liofagotik? liofütürik?
liogretotik? liomödotik? ...
liofütüro? liomafädo? liomödoto? liokodo? ...
liomödotid? liomödotidna? ...
Vöds pefomöl me el ki-? binons samo: kikodo? kitimo?
kitopo? kiplado? ...
kiöp? kiöpo? kiöpao? kiöpio? kiüpo?

84. Nen säkavödil: -li, kluo i nen säkamalül po set, pönops
säkik kanons lüsumön kaladi pönopas nefümik. Sams:
Kin mögo binol, binolöd utan, kel binol!
Kisi igo konomöv, no kredolöd omi!
Kiniki töbi igo okodos, oplöpob.
Kinolik binom-la, no binom man kaladanämik.
Kitimo flen oba ekömom lomü ob, egetedob omi ai flenöfiko.

V. PÖNOPS VOKÄDIK.

85. Pönops vokädik binons:
1ido pönops vokädik voik: kiom! kiof! kion! kios!
2ido pönop lintelekik: kio!
3ido vöds pefomöl me lintelek: kio!: kiodifik! kiogretik!...
Sams:
O fred kion!
Kio äfredob!
Kio lekläros!
Kiogretik gud Goda binon!

VI. PÖNOPS TEFIK.

86. Pönop tefik binon: kel. Vöd at padeklinon äs subsat e
kanon lensumön fomis manik, vomik e neyegik: hikel, jikel, kelos.
El kel binon fom neudik pönopa tefik. Fom neudik at kanon
i pagebön lä vöds manik u vomiks, if atos no okodon misuemi.
Sams:
Man, kel espikom, ämotävom ädelo.
Läd, keli sevobs, okömof adelo.
Utos, keli esagom, binon veratik.
Mot söla, hikeli elogob, binof jitidan.
Mot söla, jikeli elogob, binof jitidan.

Noet: 10. Demoyöd gebi verätik notodota: ut, kel! Du in
natapüks anik vöd balid vödakoboyuma somik kanon pamoädön

u vöds bofik kanons panotodön me vöd bal, Vpo vöds tel: ed ut e kel papenonsöd! Leigodolöd samo seti sököl lä tradutod Deutänapükik!: Ut, kel sagon atosi, binon lugan. Wer dieses sagt, ist ein Lügner.

87. Lü pönops tefik dutons i :
1ido **ladvärbs tefik: kö, kü, vio.**
2ido vöds pefomöl me ladvärb: **vio: viovemo, viomafädo, viomödotik,** ...

VII. PÖNOPS NEFÜMIK.

88. **Pönops nefümik** binons:
1ido **pönops nefümik voik: al, an** (ans), **som** (soms), **öm** (öms).
2ido **pönops subsatik: ek, nek, bos, nos.**

Pönops nefümik voik kanons pagebön ladyekiko u soelölo. If pagebons ladyekiko, lensumons poyümoti: **-ik,** e paträitons äs ladyeks. Soelölo e malölo pösodis, kanons lensumön poyümoti: **-an.**

Pönops subsatik vedons ladyeks me lensum poyümota: **-ik.**

Pönops nefümik lobedons nomis kösömik deklina.

Sams: Sevob **Linglänanis anik.**

Ek binon in dom. Elogob **neki.**

Sagol obe **nosi nulik.**

F. VÄRB.

I. NOETS VALEMIK.

89. Volapüko distidoy **stadis** kil, in kels värb kanon binön:
1. **jenöfastad,**
2. **säkastad,** e
3. **mögastad.**

Värb binon in **jenöfastad,** if dun u stad, keli värb notodon, jenon jenöfiko, u pacedon as jenöfiko jenöl, üf vip, büd u stip jenöfikonöv.

Säkastad vedon dub lüyüm säkavödila: -li (me yümamalül: -) len fin värba.

Ad notodön doti u mögi värb pablinon in **mögastad** me lenlägam vödila: -la fa yümamalül: - pateilöla len fin värba.

Sams: **Omotävob** ovigo.

Ekömom-li?

Lesagoy dönu, das **elogoy-la** melasneki.

90. Täno distidoy lefomis tel värba:
1. dunalefom, e
2. sufalefom.

Dunalefom malon, das subyet seta pacedon as dunami dunöl.
Sufalefom pagebon, if subyet seta pacedon as dunami suföl.
Sams: Man blinom buki.
Buk pablinon fa man.

91. Ad notodön bidiris difik värba, geboy bidirafomis sököl,
sa bidirafinots kaladik vü kläms:

1. fümabidir (nen bidirafinot),
2. vipabidir (=ös!),
3. büdabidir (=öd!),
4. stipabidir (=öv),
5. nenfümbidir (=ön), e
6. partisipabidir (=öl).

92. Letims värba binons:
1. presenatim,
2. pasetatim,
3. fütüratim, e
4. pasetofütüratim.

In al letimas at dunam värba kanon pacedön as nog jenöl ud
as ya efiniköl. Ad notodön timafomis valik at, laboy värbatimis
sököl: als fa tonat kaladik fo stamäd värba pladabik pamalöls.

	Dun		Tonat
	nog jenöl.	ya efiniköl.	kaladik.
ün presenatim	Presenatim nefinik.		(a=)
		Presenatim finik.	e=
ün pasetatim	Pasetatim nefinik.		ä=
		Pasetatim finik.	i=
ün fütüratim	Fütüratim nefinik.		o=
		Fütüratim finik.	u=
fütürik ün pasetatim	Pasetofütüratim nefinik.		ö=
		Pasetofütüratim finik.	ü=

Ün presenatim nefinik dunalefoma tonat kaladik: a= kösömo no pagebon.

93. Gramatapösods värba pafomons dub lenlägam pönopa pösodik len stamäd värba.

94. If magoy ma mod löpiko pemalöl stadis valik penemöl, värb dageton gramatafomis difik. Kobopladot lölik fomas ut, kelis värb kanon lüsumön, panemon : konyug.

II. KONYUG.

95. If moükoy de gramatafom seimik värba foyümoti e poyü= motis onik, stamäd reton. Kösömo väloy at atos nenfümbidiri presenatima nefinik dunalefoma värba: fom, ön kel värb komädon in södabuk Volapükik. Fom at finon me =ön, a.s.: logön, löfön, ... If moükoy de ·värbs at finoti: =ön, stamäds: log, löf, ... retons.

Dub lenlägam pönopas : ob, ol, on e plunumafomas onsik: obs, ols, ons dagetoy gramatapösodis kil in balnum e kilis in plunum värba, efe ün presenatim nefinik fümabidira dunalefoma värba in jenöfastad.

Pösod 1id balnuma : logob,   Pösod 1id plunuma : logobs,

    „   2id   „   logol,   „   2id   „   logols,

    „   3id   „   logon,   „   3id   „   logons.

Klülos das in pösods telid els ol ed ols kanons papladulön fa plütafoms pönopa pösodik : or ed ors.

Leigo finots: on ed ons kanons papladulön tefädo in balnum fa els om, of, oy ed os, ed in plunum fa oms, ofs ed oys. A.s.: logof, löfoms, reinos.

96. Värbatims retik fümabidira pafomons me timatonats kaladik : e=, ä=, i=, o=, u=, ö= ed ü=, kels papladons föfo len stamäd värba.

Presenatim finik.

Baln. 1. elogob,   Plun. 1. elogobs,

     2. elogol,   2. elogols,

     3. elegon,   3. elogons.

Pasetatim nefinik.

älogob, älogol, ...

Pasetatim finik.

ilogob, ilogol, ...

Fütüratim nefinik.
ologob, ologol, ...
Fütüratim finik.
ulogob, ulogol, ...
Pasetofütüratim nefinik.
ölogob, ölogol, ...
Pasetofütüratim finik.
ülogob, ülogol, ...

97. **Vipabidir, büdabidir** e **stipabidir** pafomons dub lenlägam
tefädo poyümotas: **-ös**, **-öd** ed **-öv** len pösodafinot värba. Sams:
Labobös pöti ad logön omi!
Seadolsös!
Frut **ibinonös** gretikum!
Gololöd!
Peloföd!
Üf **ekömoföv**, id ob **igoloböv**.
Üf **sevoböv** fümiko, das no dalabom buki at, sunädo **remoböv**
oni ad givön oni ome.
Do teoriko bidirafinots löpiko penemöls, kanons pakoboyümön
len pösods valik ed in tims valik värba, e Volapüko tefü geb
gramatafomas valik at leliv lölöfik pazepon, oklülädos plago, das
no foms mögik valik jenöfo pogebons u kanons pagebön, e das
kludo gramatafoms anik ba pogebons-la neföro.

98. Soäsä ya pesagos löpiko, **nenfümbidir värba** finikon me
-on. El **-ön** papladon nemediko, kludo nen pösodafinot, len stamäd
värba. Nenfümbidir kanon stadön Volapüko in värbatims valik.
A.s.: **logön, äpenön, eremön,** ...
Dub pladam präpoda: **ad** fo nenfümbidir värba kanoy notodön
diseini u desini. Sam: Lifoy no **ad fidön**, ab fidoy **ad lifön**.

NOET: 11. Värb in fom nenfümbidira no kanon pacedön Vpo
as subsat klu no kanon padeklinön. Üf to atos zesüdosöv ad
binükön nenfümbidiri in deklinatef seimik, kanoy gebön lartigi
padeklinöl fo nenfümbidir no pevotüköl ad notodön deklinatefi
at (l. § 48!).

99. **Partisipabidir värba** ü **partisip** pafomon dub lenlägam
finota: **-öl** len värbastamäd (ud pö jenets patik len pösodafinot

värba: -ob, -ol, ...). Partisipabidir kanon stadön in värbatims valik e kludo lüsumön fo ok kaladatonatis: (a-), e-, ä-, i-, o-, u-, ö, ed ü.

Partisip paträiton äs ladyek; kanon papladön po u fo subsat u pagebön nesekidiko. Lensumon deklinafinotis pö jenets ot äs ladyek e kanon lensumön igo pösodafinoti: -an. Sams: Ädelo elogob domi idästurol.

Äkolkömob ofl ko jiflen ofa äspiköli.

Ätuvob ofl klotis lavöli lä fonäd.

Jilavölan at binof jidünan obsik.

100. Värbs padilädons, ma patöf, va vobed oksik kanon loveädön nemediko ad yegod u no, ad klads tel:

1. värbs loveädik, e

2. värbs neloveädik.

Balids labons yegodi in kusatif. Värbs neloveädik no labons ä no kanons labön yegodi somik. A. s.: Els penön, logön, flapön, fälön binons värbs loveädik, bi kanoy sagön: penob penedi, logob bödi, flapob dogi, fälob bimi. Pö jenets valik at vobed värba loveädon ad yegod, kel te demü atos stadon in kusatif. Värbs: golön, slipön, seadön, falön binons neloveädiks, bi no kanoy sagön: golön bosi, slipön bosi, ... Güo tef, kel kanon binön bevü värb e dil votik seta, muton panotodön me präpod seimik. Tefü värbs: golön, slipön, ... kanoy sagön: golob lü dom; slipob in bed; seadob su stul; efalob de jevod.

Benö! din, kel komädon as yegod in kusatif in set ko värb loveädik, kanon i paträitön as subyet seta. Pö jenet at din stadon in nominatif e värb pakonyugon in sufalefom (l. § 90!). Sams:

Pened papenon fa ob.

Böd palogon fa ob.

Dog paflapon fa ob.

Bim pafälon fa ob.

101. Värbabidirs valik dunalefoma in tims valik löpiko penemöls, paloveükons in sufalefom me pladam kaladatonata sufalefomik: p- föfo len fom tefik värba.

In sufalefom, kaladatonat presenatima nefinik: a- (kel kösömo no pagebon in dunalefom) no dalon pamoädön.

Sam konyuga in sufalefom:

Fümabidir.

Presenatim nefinik.

Baln. 1. palogob,   Plun. 1. palogobs,
      2. palogol,   2. ...
      3. palogon,

Presenatim finik.

Baln. 1. pelogob,   Plun. 1. pelogobs,
      2. pelogol,   2. ...
      3. ...

Pasetatim nefinik.

Baln. 1. pälogob,
...

Pasetatim finik.

Baln. 1. pilogob, ...

Fütüratim nefinik.

Baln. 1. pologob, ...

Fütüratim finik.

Baln. 1. pulogob, ...

Pasetofütüratim nefinik.

Baln. 1. pölogob, ...

Pasetofütüratim finik.

Baln. 1. pülogob, ...

Vipabidir.

Palogobös! ...

Büdabidir.

Palogolöd! ...

Stipabidir.

Palogoböv, ...

Nenfümbidir.

Palogön, pelogön, pälogön, ...

Partisipabidir.

Palogöl, pelogöl, pälogöl, ...

102. Soäsä ya pesagos löpiko, **säk** pafomon dub lenlägam
vödila: **-li** len värb. El **-li** kanon i payümön len vöd votik seta.

Pato atos jenon, üf värb moonöv. Sams: **Vo-li?** man at etifom.

Gespikü büd: „Givolöd obe buki!" lüspikäb kanon säkön jonölo bukis: „**Ati-li** ud eti?"

103. Dub lenlägam vödila: -la värb loveikon in **mögastad.** Mögastad te pagebon, if viloy jenöfiko malön doti u mögi. Kö dot u mög no binons, geboyöd jenöfastadi värba! Gramato nefüm no dientifon tefü dot u mög, klu vip u stip, me vipabidir u stipabidir panotodöls, no labons zesüdiko as sek näiseti in mögastad. Te if viloyöv i notodön doti u mögi, stad at värba pagebon. Sekü atos sekos, das mögastad Volapükik no lölöfiko dientifon tefü **mögabidir: ,modus coniunctivus'** < natapükas difik. Üf dotoyöv tefü stad, in kel värb muton pabinükön, väloyöd jenöfastadi!

III. LOVELOGAM FOYÜMOTAS E POYÜMOTAS VÄRBA.

104. 1. Jenöfastad värba : — .
2. säkastad värba : — -li ?
3. mögastad värba : — -la.

1. Dunalefom: — .   2. sufalefom : p— .

1. Fümabidir : — .   4. stipabidir :   —öv.
2. vipabidir :   —ös !   5. nenfümbidir :   —ön.
3. büdabidir :   —öd !   6. partisipabidir: —öl.

1. Presenatim . . .	{ I. nefinik :	(a)—.	pa—.
	II. finik :	e—.	pe—.
2. pasetatim. . . .	{ I. nefinik :	ä—.	pä—.
	II. finik :	i—.	pi—.
3. fütüratim	{ I. nefinik :	o—.	po—.
	II. finik :	u—.	pu—.
4. pasetofütüratim	{ I. nefinik :	ö—.	pö—.
	II. finik :	ü—.	pü—.

Balnuma pösod 1id : —ob.
pösod 2id : —ol, —or.
pösod 3id : —on, —om, —of, —oy, —os.
plunuma pösod 1id : —obs.
pösod 2id : —ols, —ors.
pösod 3id : —ons, —oms, —ofs, (—oys).

G. LADVÄRB.

105. Ad fümetön kuratikumo värbi, ladyeki, vödi votik seta u seti it **ladvärb** pagebon.

106. Ladvärbs pefomons rigiko u pedefomons de vöds Volapükik votik : ladyeks, subsats, pönops, ...

Lü balids dutons ladvärbs : **ai, ba, bis, föro, ge, i, is, mo, mu, no, nu, pas, plu, sü, te, ti, us, ya, ye, zi,** ...

Ladvärbs de vöds votik pedefomöls ai labons finoti kaladik: **=o.** Sams : **gudiko, jöniko, geiliko, delo, neito, adelo, odelo, gödo, detao, löpao, detio, löpio,** ...

107. Ladvärbs mödik, pato uts, kels pedefomons de ladyeks, sufons votikami ön **gramatafoms leigoda.**

Pluamafom e **muamafom** ladvärbas pafomons dub pladul ela **=o** fümafoma ladvärba dub finots: **=umo** ed **=üno.** Sams :

gudiko, gudikumo, gudiküno.

geiliko, geilikumo, geiliküno.

H. PRÄPOD.

108. **Präpods** malons tefi, ön kel vöds fa ons pareigülöls binons tefü dils votik seta. Stadons ai fo subsats, värbs in nenfümbidir u vöds votik atis pladulöls u vöds votik nesekidiko pageböls.

109. Vöds po präpod no sufons votikami, klu ai binons in nominatif.

110. Präpods pefomons rigiko u pedefomons de vöds Volapükik votik, pato de subsats, me lenläg tonata kaladik : **=ü.**

Lü balids dutons präpods: **a, ad, as, äl, bü, da, de, dis, dü, fa, fo, in, ini, lä, lü, ma, me, mö, näi, nen, pla, plä, po, pö, pro, se, su, sus, ta, to, tö, tü, ün, ünü, vü, zü,** ...

Lü telids: **büdü, dajonü, dämü, demü, domü, gönü, nemü, pötü, suämü,** ...

I. KONYUN.

111. **Konyuns** pagebons ad koboyümön setis u dilis seta.

112. Konyuns pefomons rigiko u pedefomons de vöds Volapükik votik me lenläg tonata kaladik : **=ä.**

40

Lü balids dutons konyuns: **ab, ä** (fo vöd me vokat primöl:
äd), **bi, das, dat, do, du, e** (fo vöd me vokat primöl: **ed**), **if,
ka, klu, na, ni, nü, u** (fo vöd me vokat primöl: **ud**), **ü** (fo vöd
me vokat primöl: **üd**), **üf, ven, zu,** ...

e — e (ed -- ed —), u — u — (ud — ud —), ni — ni —, noe —
abi —, nü — tän — , ...

Lü telids: **bisä, büä, güä, kodä, medä, pasä, toä,** ...

J. LINTELEK.

113. **Linteleks** binons:
1. tons ad notodön seni u senäli soäs dol, fred, stun, desir, naud, ...
2. züpäds tonas,
3. vokäds naböfiko büdi, vipi, malediti, ... malöls.
Penamo ai pasökons fa lintelekamalül : !.

114. Linteleks pefomons rigiko u pedefomons de Volapükavöds
votik. Lätiks finikons me tonat kaladik : **-ö**.
Linteleks geböfikün binons: **adyö! ag! fi! ha! he! nö! o! ö!
rö! si! sö! yö!** ...

danö! fümö! liedö! prüdö! seilö! spidö! stopö! zedö! ...

NOET: 12. Ad magön kaladi lönik topäda komandabos, das
lovesumoy in tradutods Vpik lintelekis natapükas no petradutölis.

DILÄD : III.

TÜMOLOG.

115. Volapükavöds padilädons ma mod, sekü kel pefomons, ad

1. rigavöds,
2. koboyümavöds, e
3. defomamavöds.

RIGAVÖDS.

116. **Rigavöds** kanons padilädön dönu ad uts, kels pefomons livätiko, ed uts, kels pedefomons ön mod seimik de vöds natapükas.
Lü balids dutons samo
numavöds : **bal, tel, kil,** ... jüesa **zül,**
pönops pösodik : **ob, ol, on,** ...
pönops jonik : **at, et,** ...
...
Vöds rigik votik pedütülons natapükes difikün, ab pato pükes Lingläna, Fransäna e Deutäna.
Sams vödas somo pedütülölas binons :

dog	Linglänapüko : ,dog' [dåg],
sör.....	Fransänapüko : ,sœur' [šör],
kün (subs.)	Deutänapüko : ,kühn' [kün] (lady.),
priel	Nedänapüko : ,prieel' [priel],
gobad ...	Litaliyänapüko : ,gobba' [góba],
trög (subs.)	Svedänapüko : ,trög' [trög] (lady.),
stul	Rusänapüko : стул [štul],
mascid ..	Larabänapüko : مَسْجِد [màšcíd],
sumbud ..	maläyo : سمبو ü ,soemboe' [šùmbu],
kap	latino : ,caput' [kàput]
deg.....	Vöna=Grikänapüko : δέκα [dèka],
grahan...	sanskrito : ग्रहण [gràhaṇa],
keif	se süriy.

117. Vöds semik natapükas pelovesumons ti no pevotükölo in Volapük, ab vöds mödikün esufons votükamis pluuneplu gretikis, büä ipötons ad pelüsumön in vödastok Volapüka.

Vöds, kels eloveikons ti nen votikams de natapük in Volapük, binons samo: dog, svan, sör, krig, stul, ... Leigodolös vödis at lä Lingläniks: ,dog', ,swan' [swón], Fransänik: ,sœur', Deutänik: ,Krig' [krik] u Svedänik: ,krig' [krig], Deutänik: ,Stuhl' (jtul] u Nedänik: ,stoel' [štul].

Vöds, kels esufons votükamis gretikum samo binons: yan, tum, nim de vöds latinik: ,janua' (yànua], ,centum' [žǎntum], ,animal' [ànimál],

cem, lit, mot de vöds Linglänapükik: ,chamber' [čeïmběř], ,light' [láït], ,mother' [mâděř],

glad, rel, fenät de vöds Fransänapükik: ,glace' [glaš], ,religion' [rělijǐóñ], ,fenêtre' [fěnätrě],

bel, juk, smug de vöds Deutänapükik: ,Berg' [bärk], ,Schuh' [ju], ,Schmuggel' [jmugěl].

Vöds votik, e vödas at pato uts, kels binons siämaröletiks tefü Volapükavöds votik, esufons votükamis nog gretikumis, bi ats no pedütülons nemediko natapükes, ab pefomons me votükam smalik de Volapükavöds, tefü kels siämaröletons.

Sams: kad e kaed,
      dog e doeg,
      reg e reig,
      kan e kaen,
      govön e goverön,
      no e nö!

118. Vödabids difik, pläamü ladyeks e värbs, labons mödadilo e rigavödis e koboädavödis. Ladyeks e värbs ai pafomons de vöds votik dub lenyüm poyümotas: -ik ed -ön.

119. Äfomölo subsatis rigavödik ämutoy demön, das subsats fomabik fölons stipis sököl:
1ido. Subsats mutons binön brefiks, dat kanons pagebön as stabavöds in defomamavöds, nendas lätiks vedons tu luniks.

Stip at tefon i rigavödis votik ze valikis, bi i vöds at kanons pagebön as stabavöds defomamavödas.

2ido. Subsats no dalons finikön me bal sijidatonatas lul: s, j, c, x, z. Atos jenon demü plunumifomam me el s.

3ido. Subsats mutons primön e finikön me konsonats. Atos zesüdon demü foyümots e poyümots, ko kels kanons payümön pö defomam vödas votik; pato atos zesüdon demü konyug värbas, kels padefomons de subsats.

Stips kil at lonöfons klüliko i pro subsats nulo fomabiks.

120. Do subsats rigavödik kanons primön e plä sijidatonats finikön me konsonat seimik, vitoyös mögiküno pö fomam subsatas nulik, pato plusilabikas, das primons-la u finikons-la me tonatakoboyumots, kels kanons kodön cänidi, äs: pa-, pä-, pi-, ... lu-, le-, ... -ob, -ol, -on, ... -il, -ik, ... bi tonatakoboyumots at pagebons pro diseins votik!

121. Vöds leigasotik finikons kösömo me tonats ot, sodas to= natafinots at vedons kaladafinots vödas et. Sams:

yanul, febul, mäzul, ... (me tonats lätiko tels vöda: mul finiköls).

sudel, mudel, tudel, ... (igo me vöd lölik: del finiköls).

nolüd, lofüd, sulüd, vesüd (l. § 190!).

vilok, yelok.

Yurop, Siyop, Frikop, Merop, Stralop.

Latlantean, Lindean, Pasifean (l. i. § 179!).

Vöds at pacedons as vöds rigik, bi no pedefomons lölöfiko ma noms donik de vöds Volapükik.

122. Lartigas kil te lartig neudik: el binon rigavöd. Lartigs votik binons defomamavöds.

123. Numavödas numavöds voik: bal, tel, ... jüesa zül labons finatonati kaladik: -l. Numatanems at sa vöds: deg, tum, mil, dim, zim, mim e ser binons rigavöds. Numavöds retik binons vöds pekoboyümöl u pedefomöls.

124. Pönops pösodik voik: ob, ol, ... pönop geik: ok, e pönop rezipik: od labons primatonati kaladik: o-.

Pönops jonik: at, et, ot, ... labons finatonati kaladik: -t.

Pönop tefik nengenik binon vöd rigik: kel. Pönops tefik votik padefomons de vöd at.

Pönops säka: kin? kim? kif? kis? e pönops vokädik: kio! kion! kiom! kiof! pacedons as vöds rigik.

Pönops nefümik rigavödik binons: al, an, som, öm, ek, nek, bos, nos.

125. Ladvärbs rigavödik binons: ai, ba, ge, no, ... (l. § 106!).

126. Präpods rigavödik binons: dis, in, su, vü, ... (l. § 110!).

127. Konyuns rigavödik binons : e, ä, u, ü das, dat, ... (l. § 112 !).

128. Linteleks rigavödik binons: o! ö! ha! ag! nö! ... (l. § 114!).

KOBOÄDAVÖDS.

129. Vöds nulik kanons pafomön de vöds rigik dub koboyüm vödas at u dub läükam len vöds at foyümota u poyümota seimikas. Vöds somo me u de rigavöds pefomöls panemons: koboädavöds.

KOBOYÜMAVÖDS.

130. Vöds nulik dub koboyüm rigavödas tel u mödikumas pefomöls panemons : koboyümavöds. Vöds valik pötons ad koboyüm, bisä kanoy givülön vödes somo edavedöles siämi tikavik.

131. Pö vödikoboyüm distidoy, va lim balid koboyümota binon sio u no subsat. If lim balid binon subsat vöd at payümon in genitif ud in kusatif, sevabo: me el =a= ud el =i=, len vöd sököl. Vüpladam ela =a= ud ela =i= sekidon de vöd sököl u de rigavöd de kel vöd sököl pidefomon.

Subsat föföl geton eli =i=, if kanon binön yegod lä värb, kel kanon pafomön de lim sököl koboyümavöda. Güamo subsat balid geton eli =a=.

Üf dotoyöv tefü deklinatonats tel at, väloyös eli =a= !

Sams: koapadil (koapa=dil), Volapük (vola=pük), vödabuk (vö=da=buk);

febodastumem (feboda=stumem), logodanotod (logoda=notod), tikälaflifäd (tikäla=flifäd) ;

lätenigif (läteni=gif), juegifabrik (juegi=fabrik) ;

jolibelödan (joli=belödan), levalibepenam (levali=bepenam) ;

julilüvadiplom (juli=lüva=diplom), Volapükitidan (vola=püki=tidan).

132. Semikna koboyümavöds labons sinifi difik ma yümatonat, me kel pefomons. Leigodolös samo elis motalöf e motilöf, Godalöf e Godilöf, foginanahet e foginanihet !

133. Vöds payümons len od nen yümatonat

Iido if lim balid koboyümavöda no binon subsat: **balston** (bal=ston), **foldil** (fol=dil), **tumyel** (tum=yel), **oktid** (ok=tid), **oksev** (ok=sev), **igo** (i=go),

2ido if lim balid primon me präpod seimik: **tavenenmedin** (ta=venen=medin), **nenfümbidir** nen=füm=bidir, **vütroplän** (vü=trop=län),

3ido if vü vöds koboyumöl tel nog konyun seimik binon: **kliledof** (klil=e=dof), **jüesa** (jü=e=sa), **pluuneplu** (plu=u=neplu), e

4ido if lim telid koboyümota kanon pacedön äs läyümod lima balid: **general=maredal, lampör=reg, Lösterän=Macarän, Tsyegän= Slovakän.**

134. Pö fomam koboyümotas vöds no dalons pabrefükön. Te jenets anik papläons de nom valemik at. Gebädoy sevabo brefü= kamis pö fomam vienüdas kompada ad vitön koboyümotis tu lunikis ed in vödeds nolavik.

If dilädoy **vienüdis** ma veüt onas ad grups fol, grup balid ninädon levienüdis fol e nems vienüdas grupa telid pafomons nomiko, du in vienüdanems grupas kilid e folida lims eläiköl pabrefükons pluuneplu. In vöds grupa kilid levienüds: **nolüd, lofüd, sulüd** e **vesüd** pabrefükons ad: **nolü-, lofü-, sulü-,** e **vesü,** ed in ets grupa folid ad: **no-, lo-, su-** e **ve-.** Ko gebäd brefü= kamas at, dagetoy vienüdis 32 sököl kompada padilädölis ad grups fol löpo pediseinöls, ed alna panumädölis in sökaleod, ön kel binons in vienüdastel primölo de nolüd in lüod mufa jonianas gloka. Brefods Volapükik vienüdanemas papladons vü kläms.

1. nolöd (n.),	2. nolüdalofüd (n. l.),
lofüd (l.),	sulüdalofüd (s. l.),
sulüd (s.),	sulüdavesüd (s. v.),
vesüd (v.),	nolüdavesüd (n. v.),
3. nolünolüdalofüd (n. n. l.),	sulüsulüdavesüd (s. s. v.),
lofünolüdalofüd (l. n. l.),	vesüsulüdavesüd (v. s. v.),
lofüsulüdalofüd (l. s. l.),	vesünolüdavesud (v. n. v.),
sulüsulüdalofüd (s. s. l.),	nolünolüdavesüd (n. n. v.),
4. nonolünolüdalofüd (n. n. n. l.),	lolofüsulüdalofüd (l. l. s. l.),
lonolünolüdalofüd (l. n. n. l.),	sulofüsulüdalofüd (s. l. s. l.),
nolofünolüdalofüd (n. l. n. l.),	losulüsulüdalofüd (l. s. l.),
lolofünolüdalofüd (l. l. n. l.),	susulüsulüdalofüd (s. s. s. l.),

susulüsulüdavesüd (s. s. s. v.),	vevesünolüdavesüd (v. v. n. v.),
vesulüsulüdavesüd (v. s. s. v.),	novesünolüdavesüd (n. v. n. v.),
suvesüsulüdavesüd (s. v. s. v.),	venolünolüdavesüd (v. n. n. v.),
vevesüsulüdavesüd (v. v. s. v.),	nonolünolüdavesüd (n. n. n. v.).

Sekü numäd löpik klülädos, das nems vienüdas pefomons so, das pekoboyümons alna in grup alik sököl bai veüt nepluiköl okas me nem pluik bal levienüda. So i brefods binädons me tonats bal jüesa fols bai veüt ai nepluiköl vienüdas, kelis malons.

DEFOMAMAVÖDS.

135. Koboädavöds, no me rigavöds pekoboyümöls, binädons me dils sinifi lönik laböls e dils, kels oko no labons sinifi, ab kels, if paläükons len vöd seimik, givülons vöde somo pafomöle sinifi de vöd rigik distiki. Tonatakoboyumots e soelatonats somiks panemons foyümots u poyümots, ma plad, keli labons in vöds somo pefomöls. Vöds me foyümots u poyümots pefomöls panemons: defomamavöds.

136. Foyümots Volapüko pageböls binons: a-, ä-, be-, da-, dä-, dei-, di-, do-, du-, e-, fäi-, fe-, fea-, fi-, hi-, ho-, hüp-, i-, ji-, jo-, ke-, ki-, la-, lai-, läx-, le-, lu-, lü-, mai-, meto-, mono-, ne-, ni-, nü-, o-, ö-, pa-, paro-, pä-, pär-, pe-, pi-, plö-, polü-, pö-, pu-, pü-, püro-, roto-, ru-, semo-, si-, süpo-, tri-, u-, ü-, ze-.

137. Poyümots Volapükik binons: -a, -ab, -af, -ag, -ain, -al, -am, -an, -ao, -aö, -as, -at, -av, -ä, -äb, -äd, -äl, -äm, -än, -ät, -e, -ean, -eän, -ed, -el, -em, -ep, -er, -es, -et, -etilen, -i, -ian, -iäl, -iär, -id, -iel, -ik, -ikam, -ikön, -il, -ilen, -im, -in, -io, -ion, -iö, -ir, -is, -it, --la, --li, -na, -o, -od, -oin, -ol, -os, -ot, -ov, -ö, -öd, -öf, -öl, -öm, -ön, -öp, -ös, -öv, -s, -uän, -ug, -ul, -um, -ü, -üd, -üf, -ükam, -ükön, -ül, -üm, -ün, -üp, -yim.

NOET: 13. No cänidoyöd anis yümotas löpik tefü
subsat: pär,
lartig: el,
pönops: os, od, at, et, it, ot, al, än, öm,
ladvärbs: i, is, mono, roto, süpo,
präpods: a, as, äl, da, in,
konyuns: ab, ä, äd, do, du, e, ed, na, ni, nü, u, ü, üd, üf,
linteleks: ag! o! ö! si!

Vöds valik at binons rigavöds u defomamavöds ko sinifs lönik okas, kels leno tefons yümotis pemäniotöl.

I küpoyöd, das koboädavöds primöl me els **bai-**, **de-**, **kos-**, **lä-**, **lü-**, **se-**, **ta-**, **vü-**, **zü-**, u me els **ge-**, **lö-**, **mo-**. **mi-**, **sea-**, **ti-**, **zi-**, no binons defomamavöds ab koboyümavöds! ibo vöds smalik at no binons foyümots ab präpods e ladvärbs.

FOYÜMOTS.

138. Foyümotas löpo pemäniotölas els (**a-**), **ä-**, **e-**, **i-**, **o-**, **ö-**, **u-**, **ü-**, **pa-**, **pä-**, **pe-**, **pi-**, **po-**, **pö-**, **pu-**, **pü-** pagebons pro fomam värbatimas. Mälat onas, sevabo: **a-**, **ä-**, **e-**, **i-**, **o-**, **u-** ye i pagebon as foyümots vödas, kels malons timi. Samo kanoy fomön de vöds: **del, delik, deliko, delo** vödis:

> adel, adelik, adeliko, adelo,
> ädel, ädelik, ädeliko, ädelo,
> edel, edelik, edeliko, edelo,
> idel, idelik, ideliko, idelo,
> odel, odelik, odeliko, odelo,
> udel, udelik, udeliko, udelo.

de vöds: **mul, mulik, muliko, mulo** vödis:

> amul, amulik, amuliko, amulo,
> ämul, ämulik, ...

de vöd: **nu** vödis: anu, änu ed onu.

De vöds no timi malöls vöds votik no kanons pafomön me foyümots at.

139 Foyümot: **ki-** ya pebejäfon in § 83.

140. **Ne-**. El **ne-** malon güami. Sams:

> flen,   neflen,
> dum,   nedum,
> koten,   nekoten.

141. **Le-** e **lu-**. El **le-** malon bosi gudikum, gretikum, vemikum, ... ed el **lu-** bosi badikum, smalikum, ... As sams:

> dom,   ledom,   ludom,
> stul,   lestul,   lustul,
> kred,   lekred,   lukred,
> begön,   lebegön,   lubegön,
> filön,   lefilön,   lufilön.

In vöds semik el le= malon cali u diniti löpikumis: **lebijop,**
lecif, lepädan, ...

In els **lefat, lemot,** ... el le= malon röleti menädi famülik teföli.
El **lu=** malon röleti livikum in vöds: **lufat, ludaut, lublod,** ...

142. Lü=. El **lü=** malon röleti dub mat edavedöli: **lüfat, lümot,**
lüson, lüdaut, ...

143. Hi= e ji=. Els **hi= e ji=** malons geni (l. § 42 !):

flen,	hiflen,	jiflen,
leon,	hileon,	jileon,
rodan,	hirodan,	jirodan.

Pla vöds semik me **hi= e ji=,** pefomöls ä suemodis mödiko
pagebölis malöls, vöds rigik patik dabinons. Pla els

himen	e jimen	pagebons els	**man**	e vom,
hipal	„ jipal	„	„	**fat**	„ mot,
higem	„ jigem	„	„	**blod**	„ sör,
hicil	„ jicil	„	„	**son**	„ daut,
hiter	„ jiter	„	„	**ziom**	„ zian,
hisiör	„ jisiör	„	„	**söl**	„ läd,
hibub	„ jibub	„	„	**tor**	„ kun.

144. Ho= e jo=. Els **ho= e jo=** malons elis ‚castrati' (l. § 43 !). Sams:
hojevod, hobub, jobub, hogok, jogok, ...

145. Ni= e plö=. Foyümots at malons bini ninik u plödiki yega.
Sams: **niklot, nijal, plögun, plöjuk,** ...

146. Ze=. El **ze=** malon zänodi bosä: **zedel, zeneit, zeveg,** ...

147. Ru=. El **ru=** malon vöni muik, bäldi muik u rigi: **rutim,**
rufat, rufot, rufom, rufon, rukanton, ...

148. Läx=. El **läx=** malon eli ebinöl: **läxsifal, läxprofäsoran,** ...

149. Si=. El **si=** malon
1ido stelädis: **sifits, sihijip, siklifakapar,** ...
2ido dinis süli tefölis: **silanan, sisfer,** ...

150. Da=. El **da=** malon ledino vemami sinifa stabavöda. Fo-
yümot at sümon semo ad el **le=.** Pö vemam telik kludo foyümots

bofik payümons len vöd pateföl. Sams vödas pefomöl me da-:
dabinön, dabükön, dadulön, dagetön, daglofön, dajonön, dakipön,
dalabön, dalilön, damütön, datikön, datuvön, davedön, ...

Sams vödas pefomöl me da- e le-: dalebüd, daledük, dalefat,
dalemot, daleskop, dalestüm, ...

151. Fi-. El fi- malon duni jü fin: fibanön, fidunön, fifidön,
fiflorön, fimekön, fisagön, ...

152. Fe-. El fe- malon fegebi, nosikami: fefidön, fenibön,
fepenön, fepledön, fefaemön, fefilön, ...

153. Fea-. El fea- malon feapladami: feapladön, fealotädön,
feaplanön, ...

154. Fa-. El fa- malon güami koma: fabinön, fablibön, ...

155. Dä-. El dä- malon dädikami: däbreikön, däfalön, ...

156. Dei-. El dei- malon deadami: deibludön, deiflapön, ...

157. Fäi- e mai-. Els fäi- e mai- malons tefädo färmikami e
maifikami. Sams: fäilökön, fäiklufön, fäimasonön, maibrekön,
maibreikön, mailökön, ...

158. Nü-. El nü- malon mufi ini bos: nübladön, nübükön,
nüdugön, nüflumön, ...

159. Du-. El du- malon mufi da bos: dudranön, dugolön,
duveigön, ...

160. Lai-. El lai- malon laiduli duna: laipenön, laispikön, ...

161. Ke-. El ke- malon kobi ud eli ko: kelied, kemen,
keblinön, ketonön, ...

162. Do-. El do- malon donikami yega jüs at takikon. Sams:
docöpön, dofalön, dolagön, ...

163. La-. El la- malon tovi bosa de glun u de yeg seimik,
su kel at seaton: lakobükön, lasumön, ...

164. **Be=.** El be= koedon loveädön värbi tefü dins, kels binonsöv in set in datif u ko präpod, if värb no pafoükon fa foyümot at. Ko el be= värbs neloveädik vedons loveädiks. Leigodoyöd :

golob su veg, e begolob vegi,
eslipom in bed, ed ebeslipom bedi,
lödol in dom jönik e belödol domi jönik,
fimädoy jevodis len vab, e vab pabefimädon ko jevods,
legivön eke bosi, e belegivön eki me bos.

165. Foyümots : hüp= (pluhüp=, muhüp=), pär= (plupär=, mupär=), semo=, meto= (pärmeto=), püro= (pärpüro=), roto= (pärroto=), paro= (pärparo=), süpo=, ... mono=, di=, tri=, ... polü binons foyümots kiemavik; pabejäfons in Diläd VI^{id} lebuka at.

POYÜMOTS.

166. Poyümots : =a, =e, =i, =s, =as, =es, =is, ya pebejäfons in bagaf : 40 pö bespikam deklina.

167. El =ön binon poyümot nenfümbidirik värba. Me poyümot at kanoy fomön värbis de vödabids ti valiks. Mödiküns ye pefomons de subsats. Sams : givön, getön, nemön, fögön, cögön, ...
De ladyeks pefomons : redikön, finikön, fenikön, ... Me pladul tonata : i dub : ü davedons värbs : redükön, finükön, fenükön, ... kels valik binons loveädiks, du värbs ko el =ikön vedi malöls binons neloveädiks. Värbasotis bofik kanoy i lecedön as pefomöls de vöds votik me els =ikön ed =ükön.
De vödabids votik pedefomons samo :

balön, telön, kilön, ... de numavöds : bal, tel, kil, ...
keolön, keorön de pönops pösodik voik : ol, or,
nosön, nosikön, nosükön de pönop nefümik : nos,
noön, pluön, pluikön de ladvärbs : no, plu,
taön, züön, ... de präpods : ta, zü, ...
siön, viön, ... de linteleks : si ! vi ! ...

168. Poyümots : =öv, =öd, =ös, =öl bidiris malöls, e =la, =li mögastadi e säkastadi värba malöls pebejäfons pö bespikam konyuga (l. §§ 89, 97, 99, 102, 103 !)

169. El =il malon smalükami : dog, dogil; son, sonil; ledom, ledomil; bos, bosil.
El =il i pagebon as poyümot kiemavik.

170. El -**ül** givülon vöde sinifi boso votiki e mödikna i sinifi löfidikum u smalikumi, u yunikumi, u pülikumi. Sekü fäg at i nimüls pamalons me poyümot at. Sams: **flap, flapül** (leigodoyöd lä at eli **flapil**); **vom, vomül**; **giv, givül, givön, givülön**; **stür, stürül, stürön, stürülön**; **leon, leonül**; **jip, jipül**; **nim, nimül.** El -**ül** i binon poyümot kiemavik.

171. El -**ul** malon in jenets semik pladuli. Sams: **plad, pladul.** El -**ul** i binon poyümot kiemavik.

172. Ad malön pösodis poyümots: -**an**, -**el**, -**al**, **äb** pagebons. El -**an** malon eki, kel binon bos u kel calo dunon bosi, el -**el** malon eki, kel mekon bosi, el -**al** malon pösodi cala u dinita löpikas u meritaba gretik, el -**äb**, len stamäd värba pelenyümöl, malon pösodi, kel sufon vobedi ona. Sams: **melan, gadan, pädan, presidan, tidan, bodel, möbel, vabel, saedel, general, papal, presidal, poedal, depütäb, lesedäb, fanäb, beladetäb.** Els -**an** ed -**el** i binons poyümots kiemavik.

NOET: 14. Tefü vöds me el -**an** finiköls, paküpälükos, das ge-bädoyös **partisipi** ko el -**an**, ad malön eki, kel dunon fädiko bosi! A.s.: **tidan** binon ek, kel tidon calo; binon e blebon tidan, igo üf dü tim anik no tidon. **tidölan** binon seiman, kel ebo ün timül at tidon; no nedon binön tidan.

173. Poyümots: -**ian** ed -**iel** malons dini u cini, kels dunons dunotis, kelis pösods kanons dunön. Sams: **malian, jonian, peäniel, klufiel.**

174. El -**ion** malon numis: **balion, telion**, ...

175. El -**yim** malon baliondili bal e näätis oka. Sams: **balyim, telyim**, ...

176. Poyümot: -**af** semikna pagebon in defomamavöds ad malön nimi: **sügaf** (= **süganim**).

177. Poyümot : **ep** pagebon in defomamavöds ad mälon plani: **bünep** (= **bünabim**), **kokotep** (= **kokotapam**).

178. Els **-oin**, **-ain** ed **-in** binons finots kaladik tefädo stoinas, stoinas pebevoböl e löminas, ab kanons i pagebön pö fomam defomamavödas. Sams :

  diamoin, diamain, hidrargin (rigavöds),
  granoin, nobain, blägin (defomamavöds).

179. Els **-än**, **-eän**, **-uän** (**-uäns**) ed **-ean**. kaladafinots länas, nisulas, nisulagrupas e seanas binöls, kanons i pagebön in defomamavöds. Sams:

  Deutän, Fransän, Borneän, Reüneän, Filipuäns, Bahamuäns, Latlantean, Pasifean (rigavöds),
  nolüdän, lofüdän, Mäneän, Yafeän, Seanuäns, Lamirätuäns, Nolüdapovean (defomamavöds).

180. El **-am** malon vobedi värba e pafimon len stamäd ona. Tefü värbs, kels finikons me el **-ikön** ud **-ükön** poyümot at kludo payümon nemediko len tonat: **k** elas **-ik-** ed **-ük-**.

Klülos, das subsats no kanons pafomön me el **-am** de värbs, kelas stamäds binons vöds, kels it ya malons vobedi. Sams :

  gad, gadön, gadam,
  fil, filön, filam,
  dead, deadön, deadam,
  löpikön, löpikam,
  redükön, redükam,
  rafinükön, rafinükam.

181. Ad malön dinis, yegis e suemodis nog votikis anikis geboy poyümotis: **-äd**, **-ed**, **-od**, **-ot**, **-et**. Kinik poyümotas at pevälon pö jenet seimik, esekos de dinäds difik, samo de zesüd ad vitön necänidovi, de benoton, e semo de sinif, keli poyümots at egetons ön gebäd. So el **-äd** labon kösömo sinifi valemikum ka poyümots votik; el **-ot** malon mödikna yegodi; if defomamavöds tel, kelas bal pefomon me el **-od** e votik me el **-ot**, dabinons, vöd finiköl me el **-ot** kösömiko binon plastätikum ka et pefomöl me el **-od**. As sams de el **pen** pedefomons: **penäd, pened, penot, penet,**

  de **spik**: **spikäd, spikot, spiked, spiket,**
  de **not**: **notäd, noted, notod,**

de mag: magäd, magod, magot,
de jen: jenäd, jenot, jenet,
de bum: bumäd, bumot.
El -et i binon poyümot kiemavik.

182. El -iär malon ninädiani pluuneplu deköfiko pebevoböli:
biskutiär, gäliär, nigiär, tabakiär, ...

183. El -av malon nolavi. Sams: Godav, medinav, kalkulav, ...

NOET: 15. El -av no binon finot kaladik rigavödas nolavi
malölas, klu penoyöd elis füsüd, lalgebrad nen poyümot -av!
El -av pagebon te in defomots.

184. El -em malon konleti. Sams: bledem, florem, nimilem, ...

185. El -öm malon stömi, stumi u parati: logöm, ...

186. El -äm malon jäfidämi. Sams: dicetäm, liläm, logäm, ...

187. El -ät malon suemodis nedabinotik anik: kompenät, menät,
paostolät, plastät, Kilät, ...

188. El -öp malon topi: potöp, länarovöp, steböp, ...

189. El -üp malon tüpi: cunüp, stebüp, lifüp, leigüp, ...

190. Els -üd, -üf, -üm malons suemodis in musig pagebölis:
        balüd, telüd, ...
        balüf, telüf, ...
        balüm, telüm, ...
        kiküf, maleküm, Polänüm, ...
El -üd nog pagebon in vöds: plastüd e vienüd. (Leigodoyöd
vödi lätik at lä els nolüd, lofüd, ...! in kels el -üd binon kaladafinot.)

191. El -at pagebon as poyümot len numavöds: balat, telat,
degbalat, milbalionat, ...
El -at i binon poyümot kiemavik.

192. El -äl malon bosi tikälik, lanik: tikäl, senäl, ladäl, laidäl, ...

193. El -iäl malon klieni, desiri: nibiäl, okiäl, ...

194. El -im malon täläktimi : tikälim, lanim, stöfim, lesetim, ...

195. Poyümots -öf, -ab, -ov, -ug, -ag, -er, malons patöfis e
tefons plu patiko ladyekis, kels kanons padefomön de subsats
me ats edavedöls,

<ul>
<li>el -öf malon valemo patöfi,</li>
<li>el -ab zesüdi, kodami fasilik, digädi, ...</li>
<li>el -ov mögi,</li>
<li>el -ug pötami,</li>
<li>el -ag labi pluuneplu bundaniki,</li>
<li>el -er kipädami.</li>
</ul>

Sams:		
man,	manöf,	manöfik,
flen,	flenöf,	flenöfik,
het,	hetab,	hetabik,
komand,	komandab,	komandabik,
geräd,	gerädov,	gerädovik,
pron,	pronov,	pronovik,
klot,	klotug,	klotugik,
plak,	plakug,	plakugik,
her,	herag,	heragik,
klif,	klifag,	klifagik,
ferin,	feriner,	ferinerik,
lalkohol,	lalkoholer,	lalkoholerik.

El -er i binon poyümot kiemavik.

196. El -ir pagebon semikna in defomamavöds ad malön
vödedi gramatik. Sams : fomir, finahukir, ...

197. El -ik binon yümot ad fomön ladyeki, de kel kanoy
fomön subsati me poyümot -os ad malön valemo patöfi fa ladyek
at pasiniföli (l. § 54 !). Sams :

gud,	gudik,	gudikos,
sublim,	sublimik,	sublimikos.

198. Els -um ed -ün ya pebejäfons in bagaf: 55 dö gramata-
fomam leigoda.

199. Els -id e -na ya pebejäfons in §§: 61 e 65 kapita dö
numovöds.

Poyümot : -id ye i pagebon

1^{ido} po stamäds värbas ad givön ones äsvo sinifi taädik. Lei-
godoyöd samo vödis :

> lot, lotön, lotedön e lotidön,
> geb, gebön, gebädön e gebidön,
> pön, pönön e pönidön,
> pan, panön e panidön.

2^{ido} as poyümot kiemavik.

200. Ladvärbs, präpods, konyuns e linteleks rigavödiks no
finikons me finots kaladik, ab kanoy sio defomön vödabidis somik
me poyümots patik.

Ladvärbs kanons pafomön de vödabids ti valiks me poyümots:
=o, =ao, ed =io, kelas el =ao malon topi de kel bos deon, ed el
=io topi lü kel bos nilikon (l. § 106!). Sams: domo, fleniko, kilo,
obo, sio. too, seimao, valöpio, ...

In mod ot linteleks kanons pafomön de vöds votik me els =ö,
=aö, ed =iö, ab küpoyod tefü atos, das linteleks mödikna malon
büdi in fom brefikün e das in büd somik töbo geboy-la poyü-
moti : =aö! (l. § 113 e 114!) Sams :

> danö! stopö! sagö! föfiö! löpiö!

El =ü pagebon ad fomön präpodis (l. § 110!). Sams : domü,
lomü, lonamü, nemü, bäldotü, ...

El =ä pagebon ad fomön konyunis (l. § 112 !). Sams : güä, toä, ...

201. Poyümots kiemavik : =o, =i, =at, =it, =id, =et, =in, =il, =ul,
=ül, =ol, =ilen, =etilen, =er, ... pabejäfons in Diläd : VI lebuka at.

DILÄD: IV.

SÜNTAG.

VÖD, PÜK, SET.

202. Men dageton dub sienam uta, kel jenon zi in vol zü ok, magädis. Alna ven sienam finikon, magäds nosikons i, ab no nenretodiko; posbinükons memamagotis. Dub suvöf magädas at tanamü memamagots onsik, men lärnon ad distidön dinis leigasotik de dins distik, sekü kelos in on suemods davedons. Suemods tefons primo yegis, poso dunis e patöfis, e nog latikumo, ven tikäl edaglofon lölöfiko, igo dinis nesiädik. Somo men dageton stoki ai gretikum vedöli suemodas.

Dub memäl men fägon ad memön magädis pasetik ed ad fomälön atis dönu. Me fomälods at e dub tanam memamagotas bal ko votiks, brefo dub tik, men fägon ad fomälön dönu fomälodis votik nulik. Suemodes e fomälodes valikes at men egivon nemis. Nems at binons **vöds**, medü kels men sevädükon votikanes tikodi oka.

203. Mens difik tala ye no gebons vödis ot ad notodön suemodis u fomälodis leigikis. Ab sio grups pluuneplu gretiks menas binons, kels gebons in kosäd rezipik vödis ot. Löl vödas at sa patäds valik oksik, me kels mens, in num pluuneplu gretik, sevädükons odes tikodis okas, binon: **pük**, Sams: **Fransänapük, Rusänapük, Volapük.**

204. Ad sevädükön tikodi oka votikanes gebädoy vödi bal u vödis mödikum, pasagölis me vögäd, kel difon ma sinif, keli viloy givön vödes oka. Vöd u ked vödas in mod seimik pasagöl, me kel tikod panotodon, binon: **set.** Sams setas:

Adyö!

Vobolsöd!

Menefe bal, püki bal.
Hipul äflapom dogi.
Jipul smalik at egivof ädelo söre oka buki jönik.
Utan, kel tifon balna, ai binon tifan.
Elogol-li kometi?

205. Bevü sets löpik, sets tel binons, sevabo: Adyö! e Menefe bal, püki bal kels no labons värbi. Balid: Adyö! duton lü linteleks. Linteleks binons vöds, kels dub vögäd, me kel pasagons, notodons tikodi seimik. Sekü kod at binons sets.
Vödabide at padütedons i subsats in vokatif. Sams:
O flen!
O ,Charles' [jarl]!
Set: Menefe bal, püki bal kanon pacedön äs set defik, efe evedöl de: (näi püks difik vola) lüvipobs menefe bal, püki bal.
Setis somik kolgolobs suvo in nunedapenäds. Samo okanoy tuvön semikna su bam stebedöpa träma penädi: Te pro tävans. Atos klüliko malon, das bam at no jonidon pro alans, ab te pejonidükon pro utans, kels stebedons trämi okömöl.
Sets defik somik komädons in natapüks difik, ab no leigons in natapüks at. Demü kod at sets somik mutons pavitön in Volapük. I pö tradut se natapük in Volapük mutobs steifön ad lölöfükön setis defik somik. Volapüko penoyöd mögiküno ai setis lölöfik e zuo so kleilikis, das mens Volapüki sevöls valiks kanons suemön oyi!

SUBYET E PREDIKAT.

206. In sets balugikün, äs:
Man spatom.
Dog paflapon.
Bod pabakon.
distidoy vödis: man, dog, bod, kels
1ido binons nen präpod in nominatif (: deklinafom balid),
2ido binons nems dinas, dö kels bos pasagon:
man dunom bosi: spatom,
dog sufon bosi: paflapon, e
bod pajafadon dub vobed semik: pabakon.
In sets at vöds: man, dog, bod panemons: subyets e vöds: spatom, paflapon, pabakon, kels notodons vobedi seimik: predikats seta.

In sets me vöds balik binädöls äs: **Vobolsöd**! **Palogof,** subyet e predikat pebalons in vöd bal.

LÜYÜMODS.

207. Sets balugikün kanons paläfulükön dub lüyüm vödas votik difik. Me läfulükots at suemods pafümetons kuratikumo. E subyet e predikat kanons paläfulükön, ab igo läfulükots it kanons paläfulükön dönu fa läfulükots votik. Nem valemik läfulükotas at binon: lüyümod. In set pemäniotöl in bagaf: 204: **Jipul smalik at egivof ädelo söre oka buki jönik** setadils: smalik at, ädelo, söre oka, buki jönik binons **lüyümods.** El smalik at binon lüyümod subyeta: **jipul** ed els **ädelo, söre oka, buki jönik** binons lüyümods predikata: **egivof.** In setadils: **söre oka, buki jönik** els **oka, jönik** binons lüyümods tefädo elas **söre** e **buki.**

208. If tikädoy kuratikumo lüyümodis in set löpik: **Jipul smalik at egivof ädelo söre oka buki jönik.** Ed i lüyümodis in set: **Nemob mani at tifani.** Täno logoy:

1ido lüyümodis äs els **smalik at, oka, jönik** in set balid ed el at in set telid, kels fümetons subsatis. Ats panemons: **läods.**

2ido vödi: **buki (buki jönik)** in set balid e vödis: **mani (mani at)** e **tifani** in set telid, kels binons in kusatif (: deklinafom folid). Ats binons: **yegods.**

3ido vödi: **söre (söre oka)** in set balid, kel binon in datif (: deklinafom kilid). At binon: **demod.**

4ido ladvärbi: **ädelo** in set balid. At binon: **malod.**

Kluö! **Lüyümods** padilädons ma plad e ma jäfid, kelis labons in set, ad

1. **läods,**   2. **yegods,**   3. **demods,** e   4. **malods.**

LÄODS.

209. **Läods** jonidons ad fümetön subsatis u vödis, kels pladulons onis. Kanons binädön me

1. ladyek bal u ladyeks mödikum: dom **gretik,** jipul **smalik löfik,** ...

2. pönop: buk **obik,** pals **omas,** söre **oka,** bimis **at,** ...

3. numavöd: cils **kil,** süta **folid,** ...

4. subsat in genitif (: deklinafom telid): gun **fata,** blodis **cilas et,** ...

5. subsat in datif (: deklinafom kilid): legivot mote, riprodi mane et, ...

6. subsat sa präpod: bim at in gad, körteni fo vitür loka= glätik gretik, ...

7. värb in partisipabidir: jevod efalöl, bim pefälöl, ...

YEGODS.

210. Yegods binons gramatiko dins, keles värb kanon loveädön vobedi oka.

1. Samo in el hipul äflapom dogi vobed ela äflapom palove= ädon lü el dogi.

Värbs at panemons sekü fäg at värbs loveädik.

2. Yegods ai binons in kusatif (: deklinafom folid): äflapom dogi, elogofs omis.

Värbs setas at, e kludo i sets it, stadons in dunalefom.

3. If sets somik paloveükons in sufalefom, yegod vedon subyet: dog paflapon fa om, pelogoms fa ofs.

Prinsipiko in Volapük sets valik ko yegods kanons paloveükön in sufalefom. Pläots noma at binons värbs geik: lavön oki, klotön oki, ... e värbs rezipik: lavön odi, flapön odi, ... värbs kelik no kanons paloveükön in sufalefom. Samo el lavof oki no kanon paloveükön in el palavok fa of. Eli eflapoms odis no kanoy loveükön in el peflapods fa oms.

NOET: 16. In miedet löpik tefü yegods miedükams tel binons, sevabo: miedükam, fa ladvärb: gramatiko penotodöl e miedükam fa värb sekidik: kanon penotodöl. Atos flagon pläni smalik.

If tikädoy setis sököl tel: eslipob in bed ed: ebeslipob bedi sets bofik notodons, fe ko difül smalik siäma, tikodi ot. Ab in set balid värb neloveädik: slipön pagebädon, ed in telid värb loveädik: beslipön. Vobed värbas bofik binon tikälo ebo ot, ab dub foyüm foyümota: be= värb edageton gramatiko siämi loveädik.

Gebäd ela kanon loveädön pla el loveädon, malon te, das no zesüdos, das set me värb loveädik pastuköl ai labon yegodi. If sagoy: man flapom, set at no binon lölöfik; in at bos defon; set pas lölöfon, it yegod peyümon lü on: man flapom dogi.

In set: man äflapom vemiko me pun oka su tab yegod no paneodon, bi me set at te viloy kazetön modi flapama, samo ad notodön zuni mana, e no dini as ut, kel sufon vobedi.

211. Värbs anik: **nemön, lecedön,** ... kanons labön yegodis tel.
Samo: **nemob mani at tifani.** In set at bal yegodas: **mani at**
binon yegod voik, e votik: **tifani** yegod predikatik, bi yegod at
kanon pacedön as dil värba komplitik: **nemön tefani.** Yegod
telid at binon äsvo dil neteilovik predikata. Pö loveikam in
sufalefom, kusatifs yegodas tel vedons nominatifs, kelas bal ye
binon subyet seta e votik blebon dil neteilovik predikata: **man**
at panemom fa ob tifan.

DEMODS.

212. **Demods** binons dins ut, kels seimiko pakompenükons
gramatiko ad vobed värba. Demods ai binons in datif (deklinafom
kilid).

Pö loveükam seta dunalefomik in sufalefom, demod ai blebon
demod e kludo bleibon binön in datif. Sam: jipul at egivof **söre**
oka buki < buk pegivon fa jipul at **söre oka.**

NOET: 17. Ob, as bevoban lebuka at, evilob ninükön suemodi
nulik ini gramat Vpa, suemodi, kel no komädon in natapüks,
sevabo: suemod **predikatoda.** Pö ninükam suemoda at, inedos i,
lüsumön deklinafomi nulik, efe **deklinafomi mälid** ü **predikatifi,**
ko finot: **u** in balnum e finot: **us** in plunum.

Ven äfoseitob cifale namapenäda gramata Vpa ad bespikön
kobo donadilis valik gramata at, cifal äkanom lobülön cedi oba
dö predikatod, ab om it äcedom too ninükami suemoda ona no
vipabiki, bi dub ninükam predikatoda, Vp. in stukot oka odis-
tonöv tu mödo tefü natapüks mödikün. Cedü om ba komandabos-la
ad gebädön in stül sublimik deklinafomi mälid at. Sekü kod at
ed i bi ob nog ai cedob, das ninükam suemoda predikatoda, bi-
non tikavik, e das balugükonöv süntagi Vpa, dälosös obe ad
givön is plänedi dö din at! In pläned at ogebob, noe in sams,
abi mögädo in dil votik vödema, predikatifi.

Äs löpo ya pesagos, suemod **predikatoda** no komädon in nata-
püks. Me vöd at ävilob malön tefi, keli din labon tefü subyet u
yegod lä värbs semik. Sams:

       1. Binom **yaganu.**

       2. Lecedob omi **manu gretik.**

       3. Din at panemon **kübu.**

In set balid vöd: **yaganu** < tefon subyeti: om lä värb: **binön.**
In set telid el **manu gretik** tefon yegodi: omi lä värb: **lecedön.**

In set kilid vöd : **kübu** tefon subyeti : **din at** lä värb : **nemön** in sufalefom.

Kluö ! värbi : **binön** ävilob nemön värbu neloveädik predikatodik, e värbis : **lecedön** e **nemön** värbus loveädik predikatodik bi värbs at reigülons me predikatif.

Pö loveükam seta dunalefomik ko predikatod in sufalefom, predikatod ai blebon predikatodu, e kludo bleibon binön in predikatif. Leigodolöd seti kilid pemäniotöl !

MALODS.

213. **Malods** binons lüyümods, kels plä yegods e demods fümetons predikati.

Kanons binädön me

1. ladvärb,
2. subsat sa präpod.

214. Malods padilädons ma sinif okas ad

1. malods **topa** : Stanom **fo yan.** Voms et golofs **love pon.**
2. malods **tima** : Okömob **odelo** domü ol. Änüpenoy **dü kobikam** suämi vemo gretiki.
3. malods **patöfa** : Jipul at kanitof **mi.** Vobom **lezilo.** In soarazälül enaütobs **levemiküno.**
4. malods **koda.** Malods at kanons padonadilädön ad **malods koda, motiva** e **staba** : Dub fal ebreikom bradi oka.
Sekü däsper ebunom ini vat.
Sekü leig gulas killiena at leig miedalienas onik sekon. Pecödetom **demü dobükam penäda.**
5. malods **meda** : Epenom ati **me pen nulik.**
6. malods **stipa** : **Ifü flodastom** blibob domo. **Üfü tadun** okanolöv gebön vafis ola.
7. malods **daseva** : Flen ola **to bäldot gretik oka** binom nog nämediko su futs. **To proib oba** ga esegolom.
8. malods **seka** : **Ad fred gretik oba** vob at eplöpon beno. Ad yof gretik **cilas** hestan ädajonom anis hestakäfedas oka.
9. malods **diseina** : Lautom **demü kosid.** Nolavan yunik at edunikom tävi nolavik ad **lölöfükam studas oka.**
10. malods **miedükama** : Ma bäldot oka hipul et edaglofom nämediko. **Ma lifayels** binom bäldik, ab yunik **ma ladäl.**
11. malods **leigoda** : Äbiegom **äs flegülaneif.** Blafämom äs **pagan.** Atos epaseton **bü yels mödikum ka kils.**

12. **malods tefoda**: Malods at notodons propori, in kel vobed seta stadon tefü jenöf: **Ba** okömom. **No** esagom atosi. **Ma gaseds** reg ya edeadom-la.

13. **malods dinäda**: Egolom **ko fat oka**. **Nen jonül kofuda** hipul mäpüdik et sagom lugis valasotik.

LÄYÜMODS.

215. Plä lüyümods gebädoy in Volapük nog suviko **läyümodis** ad fümetön setadilis difik.

1. Läyümods payümons te liviko lä vöds, kelis fümetons. Payümons so liviko lä ret seta, das gramatiko töbo fomons binädi ona.

2. Läyümods padeteilons de setadils, kelis fümetons fa telpün e de setadil mögädo sököl fa finahukir (l. § 30!).

3. Binons ai in nominatif.

Sams: ‚Louis' [lui] degfolid: **solareg.**

‚Paris' [pari]: **cifazif Fransäna.**

tüm: ‚**Eiffel'** [aïfål],

stitod: ‚**Pasteur'** [páštör],

nisul: ‚**Stromboli'** [štrómboli],

as sams: **dog, ber, leon,** ...

hipul at konletom yegis valasotik: **koans, knops, flänükamamäks,** ...

set: **hipul flapom dogi** < stadon in dunalefom.

SETS.

216. Ma stad värba **sets** padilädons ad:

1. jenöfasets: Esagom, **das okömomöv.**

2. säkasets: **Esagom-li, das okömomöv?**

3. mögasets: Ma sagäd **esagom-la, das okömomöv.**

217. Ma bidir värba **sets** padilädons ad:

1. fümasets: **Logob jevodi. Elogol-li jevodi? Dog paflapon fa om.**

2. vipasets: **Jireg lifofös! Seidolös oki!**

3. büdasets: **Seilolöd! Mogololsöd!**

4. stipasets: **If vilolöv visitön blodi ola, mutol vegön poszedelo me tren tü düp: 1 minuts: 10.**

NOET: 18. Partisipabidire e nenfümbidire värba no setanems patik padütülons.

218. Ma dinäd, va tikod panotodon gramatiko me set bal u me sets tel u mödikums pluuneplu de ods tefidöls, **sets padilädons** ad:

1. **balsets**: Logob dogi. Jipul at egivof buki söre oka.
2. **plusets**: Omotävobs odelo me tren balid, kodä olöädobs göliko. No osegolob, bi reinos. Utos, keli sagol, binon fümiko neveratik.

BALSET.

219. Soäsä ya sevoy, set balugikün binädon me subyet e predikat. Set vedon komplitikum dub lüyüm lüyümodas difik. Balset ye blebon balset, if lüyümods it no binonsöv sets.

PLUSET.

220. Sets tel kanons pakobiotanön somo, das tikods bofik me sets at panotodöls, u lelogädons leigiko, u das bal tikodas at buon bu votik e das tikod telid sekidon de balid. Pö jenet balid sagobs, das sets payümons **näiädiko**: setatanam näiädik e pö jenet telid **sekidiko**: setatanam sekidik.

SETATANAM NÄIÄDIK.

221. Kanoy kobiotanön setis näiädiko
1. dub kobioyümam balugik (nen konyun): **Men vätälon, God büadon.**
Nö! man at no binom badik, binom kaladafibik.
2. me konyuns: e, e — e, u, u — u, dilä — dilä, va — va, vio — vio, ab, ni, ni — ni, ibä, do, noe — abi: Ispelobs osi, ab no edalos binön so. Ud okömom, ud ofablibom. Noe sanan at binom man nolik, abi binom menätik.
Pla konyuns: ibä, dilä — dilä, ... kanoy i gebön ladvärbis: ibo, dilo — dilo, ... pö jenet kelik, sets at täno dutons lü jenet balid: **setatanam näiädik nen konyun.**

SETATANAM SEKIDIK.

222. Tefü **setatanam sekidik** distidoy cifaseti e sekidaseti. Sekidaset binon set, kel patanon len cifaset
1. medü pönop teföl: Söl, **keli elogol**, binom fat oba.
2. medü konyun: No osegolob, **bi reinos.** u
3 medü mod votik, sevabo: lartig u telpün: **El reg lifomös!** pävokädon valöpo.

Ätelegrafom obe : fat ola malädom vemo. Kömolöd sunädo isio !
Pla set : **El reg lifomös**! **pävokädon valöpo** kanoy i sagön ad
vitön gebi lartiga : **Reg lifomös**! **pävokädos valöpo**.

223. Ma plad, keli **sekidasets** labons in cifaset u ma jäfid,
keli dunons, padilädons ad :

1. **subyetasets** :
Reg lifomös! pävokädos valöpo.
Su boad pinüpenos me tonats gretik: **prüdolöd demü dogs**!
Fa nolavans valik atimo pezepos, **das tal binon glöpöfik**.

2. **predikatasets** :
Ced oba blebon, **das epölol**.
Binom, **soäsä sümedom**.
Beg oma äbinon, **va vilol-la kömön brefüpilo lomü om**.
Fikul balik binon : **lio odagetobs däli fata**,

3. **yegodasets** :
Dotob, va spikol verati.
Ya elilol-li, va flen ola eplöpom ?
Sevol-li : kiöpo sifal vilaga lödom ?
Lememolöd : **odelo mutol movegön me tren balid** !

4. **demodasets** :
Veräto lücödetoy ele **träitolöd kemenis ola**! soäsä vilol, das
träitons oli < völadi gretikün, bi leset at binon lestab krita.

5. **läodasets** :
Man, **kel golom us**, binom flen oba.
Sagäd : **teatöp lefilon** < ästäänikon vifo da zif.
Utos, **keli änu sagol**, binon fümiko neveratik.
Om binom utan, **kel eträtom oli**.
Egivom mane, **kel isavon cili oma**, flonis 100.
Ädelo ägetob nuni, **das blod oba ilükömom in ‚London'**.

6. **malodasets** :
Man et ärönom, äsif diab äpöjuton omi.
Kanol golön seimio, kö vilol.
Sosus kanob, ogekömob.
Ätikob dö bos votik, **kodä no elelilob oli gudiko**.
Is, kö drefäbs katastrofa pesepülons, efünoy mebamali.
Älestunob, **das äkünom ad gespikön ole so mäpüdiko**.

SETS DEFIK, SETS NELÖLÖFIK E SETS PETRÄKÖL.

224. **Sets defik** ya pebespikons in § 205. Binons sets de kels setadils defons.

225. **Set nelölöfik** binon set ut pluseta, kela vöds deföl palüfulükons tiko ko vöds, kels komädons in set (u sets) votik pluseta. Sams: Binom masonan, **e blod oma kapenan** < pla: Binom masonan, **e blod oma binom kapenan.**

El ,London' no te binon zif pöpagikün, **ab i tedazif gretikün Yuropa** < pla: El ,London' no te binon zif pöpagikün Yuropa, **ab binon i tedazif gretikün Yuropa.**

226. Plusets kanons paträkön me pladul bala ud anas setas oksik dub partisipabidir u nenfümbidir värba. Sams: **Esagölo vödis at, ämogolom** < pla: **Posä esagom vödis at, ämogolom.**

Ägolölo love pon älogob dogi in vat äseatöli < pla: **Du ägolob love pon, älogob dogi, kel äseaton in vat.**

Levip oba binon **ad läbükön oli** < pla: Levip oba binon, **das läbükob oli.**

Äbinom man **fa valikans pälöföl**, kels äsevons omi < pla: Äbinom man, **kel pälöfom fa valikans,** kels äsevons omi.

Pla ad studön ziliko, pledom dü soar lölik in süt < pla: **Plas studom ziliko,** pledom dü soar lölik in süt.

Dub träk ko gebäd partisipabidira u nenfümbidira värba, pluset kanon vedön balset, in kel setadils ko bidirafoms penemöl värba, jäfidons äs läods u malods.

DEKLINAFOMS.

227. Volapüko pö jenets kil tef, ön kel vöd subsatik kanon komädön in set, panotodon me deklinafom patik, sevabo: me **genitif,** me **datif,** e me **kusatif.** Pö jenets votik valik vöd subsatik blefon no pevotüköl sevabo: in **nominatif.** Tef, ön kel vöd subsatik plä jenets kil pemäniotöl kanon komädön in set, panotodon medü präpod.

Vöd in **vokatif** no patikädon is, bi vöd in deklinafom at stadon äsvo plödü set.

228. Vöd subsatik stadon in **nominatif**

I. as **subyet seta:**

Man at binom vemo nolik.

2. as läyümod :

Reig ela ‚Victoria' [viktòriĕ] : jireg Lingläna.

Epenob söle : B. : fat jipula at.

Ebexänom eli ‚Mont-Blanc' [móñbláñ] : bel geilikün Yuropa.

3. as dil nedeteilovik predikata värbas : binön, vedön, blebön, ...

Binom lautan buka at.

Son oma vedom soldat.

4. po präpod :

Espatof in gad.

Maged ämufon lü om.

Vär ko vin.

229. Vöd subsatik stadon in genitif as läod :

Lit sola,

Datuvan Volapüka,

Dom fata oba,

Buka ela ‚Mary' [mèri],

Sel möbas,

Drinod vata,

Väret vina gudik,

Cifazif provina,

Bos gudikosa.

230. Vöd stadon in datif

1. as demod :

Givom obe buki,

Äpenof ele ‚Jeanne' [janĕ] penedi lunik,

2. as läod :

Legivot mote,

Pened blode oma.

231. Vöd stadon in kusatif as yegod :

Elogob bödi,

Epenom potakadi,

Älecedom omi fleni oka,

Papal : ‚Leo' XIII[id] < icälom eli ‚Schleyer' : datikan Volapüka < kamerani.

NOET : 19. Soäsä elogoy löpo, deklinafoms kil : genitif, datif e kusatif < te pagebons pö jenets nemödik anik. Genitif e datif

pagebons as läods, e datif e kusatif tefädo as demod e yegod.
Tef votik no pamalon medü bal deklinafomas kil at. Jenets valik,
pö kels natapüko bal deklinafomas kil at pagebädon, pamagulons
Vpo medü präpod. Atos sinifon, das Volapük plä värbs, kels
reigülons me kusatif bal, me kusatifs tel, u me kusatif sa datif,
no labon värbis, kels reigülons me genitif u me datif. Leigo
Volapük no labon ladyekis, kels reigülons me bal deklinafomas
at. Tefs valik somik panotodons medü präpods.

NUM.

232. Värbs baiädons tefü **num** gramatiko ma subyet.
Dog slipon. Dogs slipons.
Küm bienas äfimükon oki len tuig bima.
Fat e mot fomons kobo palapäri.
Palapär pafomon fa fat e mot.

233. Ladyeks, partisips, pönops ladyekik, ... kels kösömo stadons
no pevotükölo po subsats, ... dagetons lä vöds plunumik i plunu-
mamali, if padeklinons demü kod seimik. As dil predikata ai
dagetons eli **s**, if subyet binon plunumik. Sams : **Belis** geilik e
fikuliko **bexänovikis** Jveizäna.
Hipuls et binoms **neplütüliks.**

KONYUGAFOMS VÄRBA.

234. Pö penam Volapüka küpäloyös kuratiko tefü konyugafoms
värba! Värbatims, bidirs, värbastads e lefoms värba labons sinifi
lönik so fümiki, das töbo plakoy fikulis pö gebäd fomas at, üf
te sevoy-la ad tikön Volapüko. Demü kod at in gramat at te
patäds anik kanons pajonön mu valemiko.

In Volapükagramat in natapük seimik pepenöl güo sötoy jonön
mögo lölöfiko difis valik, me kels Volapük distidon de natapük
et. Penobs : difis valik < ibä klülos, das zesüd at no tefon te
patädis konyugafomas värba, ab i patädis votik valik Volapüka.

LEFOMS VÄRBA.

235. Te loveädavärbs kanons paloveükön in sufalefom. Värbs
neloveädik kludo ai stadons in dunalefom. Viloyöv sagön, das
danüdoy seimo, täno sagoyös balugiko : **danüdoy us!**

Leigodoyös i seti : **flapädoy in lulotidöp at** lä tradutods ona
in natapüks difik!

In natapüks mödik geboy näi notodot sümik, notodotis in kel värb stadon in sufalefom ud äs värb geik. Vitoyös ad tradutön fraseodis somik vödiko in Volapük!

STADS VÄRBA.

236. **Jenöfastad** e **säkastad värba** no kodons fikuli; stads at klülons oko saidiko. **Mögastad** ye kanonöv kodedön fikulis, üf no saido küpäloyöv, das te notodon mögi u doti, e das no sekidon de vöds votik. Volapüko mögastad värba no pareigülon fa vöd seimik. If sagoy: **spelob, das okömom** set at malon, das spel nilon so ad spet, das dot tefü köm oma no binon gretik. Sagoyöv ye: **spelob, das okömom-la** täno notodoy me fom at värba, das dotoy, va okömom.

BIDIRS.

237. De bidirs te **stipabidir** kanon jafädön fikuli anik, bi bidir at panotodon in natapüks in mod de Volapük distöl. In natapüks difik stipabidir panotodon me yufavärbs, kels, näi malam bidira at, kanon jäfidön id in tefs votik värba. Leigodoyös yufavärbis Linglänik: ‚shall' [jål] e ‚will' [wíl], e yufavärbis Deutänik: ‚haben' [habĕn] e ‚werden' [vårdĕn] < ! (L. i bagafi sököl!)

VÄRBATIMS.

238. Tefü **värbatims** küpäloyös mu pato ad tims, kelis viloy notodön. If spetoy samo, das blod ola okömom, no sagoyöd: **spetob, das blod ola kömom**, ab: **spetob, das blod ola okömom!** ibä jen köma omik nog binon in fütür. If liloy goli eka, kel lükömon e spetoy, das ek at binon blod ola, kanoyöv sagön: **spetob, das blod ola kömom**, bi nu jen köma omik binon in presen.

Pato küpäloyös tefü värbatims pö gebäd stipabidira! In natapüks difik stipabidir panotodon in mod patik, mod kelik pianiko edavedon dü volf püka ets. Leigodoyös samo seti: **if edunoböv ati, täno sagoböv osi snatiko** < lä tradutods ona in natapük seimik!

NOET: 20. Pläoy semikna tefü nom: notodön jenotis in värbatims verätik; sevabo geboy suviko **presenatimi** pla **pasetatim** ad liföfükön koni.

VÄRBASOTS.

239. Volapüko dilädoy **värbis** ad
    1. **värbs sekidik,** e
    2. **värbs nesekidik.**

240. **Värbs sekidik** binons värbs ut, kels no pagebons soelölo,
ab ai kobü värb votik (nesekidik). Patanölo ko värb sekidik,
värbs nesekidik neföro pabefoon fa präpod. Somo värb sekidik
sa värb nesekidik fomons kobo **värbi komplitik,** lü värb kom-
plitik kelik dutons patöfs lönik.

Värbs sekidik binons: **kanön, dalön, leadön, koedön, büedön,
bleibön, klülädön,** ...

Sams värbas komplitik: **kanön svimön, dalön spatön, bleibön
laispikön, leadön dugolön, büedön kömön,** ...

241. **Värbs nesekidik** padilädons ad
    1. **värbs neloveädik,** e
    2. **värbs loveädik.**

242. **Värbs neloveädik** padilädons ad
    1. **värbs neyegik,**
    2. **värbs neloveädik voik,** e
    3. **värbs neloveädik nemirik.**

243. **Värbs neyegik** binons: **reinön, nifön, frodön, grälön,** ...
Sams: ereinos, onifos, ...
Värbs neloveädik anik kanons pagebön neyegiko, as sams:
flodön, smetön, ...: flodos, smetos, ...

244. **Värbs neloveädik voik** binons: **golön, stanön, slipön,
seatön,** ...

245. **Värbs neloveädlk nemirik** binons: **binön, vedön, blebön,
sümedön, logotön,** ... Värbs at labons subsati u ladyeki (in
nominatif) as dil nedeteilovik predikata. Sams: **Binom soldat.
Hinef oma vedom fizir. Binof e blebof jileplitiälan smalik.**

246. **Värbs loveädik** padilädons ad
    1. **värbs loveädik voik,**
    2. **värbs loveädik demodik,** e
    3. **värbs loveädik nemirik.**

247. **Värbs loveädik voik** binons värbs, kels te labons yegodi bal e no demodi : flapön, cöpön, glidön, ... Sams : **Eflapof cili oka. Äcöpom stonis,** ...

248. **Värbs loveädik demodik** binons värbs, kels labons näi yegod demodi : sagön, penön, givön, ... Sams : **Esagob ome nosi. Epenof mote oka penedi gretik,** ...

249. **Värbs loveädik nemirik** binons värbs, kels labons yegodis tel, kelas bal binon yegod voik e votik dil nedeteilovik predikata : nemön, cälön, lecedön, zanädön, ... Sams : **Nemob mani et jäpani. Reg ecälom söli : B. D. < kuramaredali.**

VÖDIPLADAM VOLAPÜKIK.

250. **Sökaleod setadilas difik binon ze nenmütik.** Dils alik seta binons valemo somo sevädoviks dub stuk patik okas, das ti lin= difos, in leod kinik papladons.

Subyet binon sevädovik, bi binon in nominatif, ed i no labon präpodi fo ok. (Betikoyös ye, das värb neloveädik nemirik labon plä subyet i subsati u ladyeki in nominatif !)

Yegod binon sevädovik, bi binon in kusatif. (Betikoyös ye, das värb loveädik nemirik labon yegodis tel, kelas telid binon yegod predikatik, kel i binon in kusatif!)

Demod binon sevädovik, bi binon in datif. (Betikoyös ye, das läod i kanon binädön me subsat in datif!)

Malod binon sevädovik, bi binädon me ladvärb u me notodots ko präpod pefomöls. (Betikoyös ye, 1ido das ladvärb i kanon fümetön plä värb vödis votik, e 2ido das läod i kanon binädön me notodot ko präpod pefomöl !)

Po numäds patöfas, dub kels setadils difik löpo penemöls binons sevädoviks, bü kläms setadils pemäniotons, kels labons stukis baiädik. Demü baiäds at, osäkoy bo, va atos no kanon kodön kofudi u misuemi. Ad säk at gespik muton tonön : nö ! ibä setadils valik vü kläms penemöls labons natöfo in set pladis fümik. Pläamü ladvärbs, kels binons binäds läodas, setadils at binons po setadils ut, kelis kuratikumo fümetons.

251. To nenmüt löpo pemäniotöl, **setadils labons in set natöfo pladi fümik.** Nomo sevabo pafümetölos föfon e fümetölos sökon. Somo predikat binon **po** subyet. Sams : **Fat** (subyet) **espatom**

(predikat). **Buk** (subyet) **seaton su tab** (predikat). **Söl: X** (subyet) **ägeridom ciles okik labemi gretik** (predikat). **Cils nilädanas obsik** (subyet) **epledons ädelo in gad gretik obas** (predikat).

In predikat malod, demod e yegod binons natöfo po värb. Tefü sökaleod lüyümodas kil at lib semik dabinon. Pladam lüyümodas at tefü ods sekidon de dinäds difik, sevabo : lunot lüyümodas, veüt bala onas bu votiks, benoton pö pladam onas, kazet,... Dinäds valik at kanons flunön pladami lüyümodas. Si! ats kanons igo flunön somo, das lüyümod bal u lüyümods mödikum papladons fo värb ud igo fo subyet. Sams:

Äpenom **penedi** (yegod) **cifode zifa** (demod).

Elegivof **söre oka** (demod) **bukis jönik kil at** (yegod).

Presidan sogeda elovegivom **adelo** (malod) **pö kom obas** (malod) **legivoti** (yegod) **manes meritabik et** (demod).

Hipul et **ai** (malod) **elugom** (värb).

Ädelo bü delaprim (malods) **hipuls** (subyet) älöädoms ad...

Domis jönik valik at (yegod) **söl: B. <** (subyet) eremom.

252. **Pönops säka** papladons kösömo primü set : **Kini elogof-li? Lü kim espikol-li? Lifayelis liomödotik labom-li?**

253. **Subsat ko läod oka** kanon patikädön **as lölot vödas.** In lölot somik vöds, kels fomons läodi, papladons ma sökaleod natöfik semik. Samo in el **Jevods gretik rönöl fol et baonana** vöds läodi fomöls binons in leod sököl: **ladyek — partisip — numavöd — pönop — vöd pedeklinöl.** If vöd alik läoda et page= bonöv nen vöds votik as läod vöda : **jevod,** papladonöv i po vöd at. Pö jenet somik (lindifos kludo va subsat pasökon fa vöd bal u fa vöds mödikum vödabidas difik) vöds fümetöl valik no pade= klinons (1. §§ 51, 60, 62, 78, 79, 81, 99 !). If ye ked somik pateilon fa vöd bal u fa vöds mödikum, kels no nemediko fümetons sub= yeti, vöds po vöds teilöl kömöls padeklinons. Sams:

Jevodas braunik **mu** gretikas.

Cili smalik **frediko** pledöli ati.

Dom ko fenäts gretik **plu** teldegs.

254. **Ladvärb.** Soäsä elogobs löpo in bagaf 105 ladvärbs kanons fümetön kuratikumo värbi e vödis votik seta. As lüyümod värba panemons malods, e kanons papladön e **po** e **fo** värb. If ladvärbs

ye jonidons ad fümetön vödis votik, täno papladons ai fo vöd fa ons pafümetöl. Sams:

Man at binom **tu** bigik.

Tümis **vemo** geilikis.

Edäsinom **patiko** jöniko pöträti at.

Elogob us menis **plu** milis.

Vomi **ebo** eti ai enunedobs.

Lägolöd pänoti at **kuratiko** sus votik et!

No om, ab of edunof atosi.

255. **Stuk me partisip.** Värb dakipon pö dinäds ed in konyuga-foms valiks patöfis oka, klu id in partisipabidir. If partisip ko lüyümods oka pagebon as läod, lüyümods at papladons **fo** partisip, sodas ats äsvo paninükons pödo fa on. Sams:

Getolös glidis flena olik **oli** löföla!

Ädajonom obe protoki veitöfik **fa poldans tel et** pelautöli.

GEBÄD NOMAS SÜNTAGA.

256. Ad blufön nomis süntaga, ed ad dajonön gebädi onas, sets anik potradutons se natapüks in Volapük, lü kelos pläneds poläükons, if ats pozesüdonsöv. Klülos, das suvo plä tradutods is pagivöls nog votiks binons-la mögiks.

Wissen Sie vielleicht, wo Herr R. wohnt?

Sevol–li ba kiöpo (kitopo) sol: R. lödom?

In der zweiten Strasze links.

Isao in süt nedetik telid.

In süt nedetik telid.

Nedeto in süt telid.

Musz ich rechts oder links wenden?

Mutob–li flekön obi lü det u lü nedet?

Mutob–li golön detio u nedetio?

Mutob–li golön ini süt detik ud ini nedetik?

Was ist das für ein groszes Gebäude?

Bumot kisotik bumot gretik at binon-li?

Kin binon-li bumot gretik at?

Bumot kinik bumot gretik at binon-li?

Kis bumot gretik at binon-li?

Bumot kisik binon-li bumot gretik at?

(Tradutods lul givons difülis difik säka ot. Tradutod balid ye binon magul mu verätikün siäma seta Deutänapükik. Me el **kin** ud in fom ladyekik me el **bumot kinik** säkoy nunodi dö yeg it, dö din it, is dö bumot it. Gespik ad säk somik muton tonön: **Potöp, u mused, u cödöp,** ... Me el **kis** säk vedon valemikum, me vöd at ud in fom ladyekik me el **bumot kisik** säkoy no te nunodi dö yeg it, ab plu pato dö jonid, dö disein, dö patöfs, brefo dö valikos tefü bumot. Gespik ad säk somik kanon tonön: **Bumot at binon potöp ab i: Bumot at jonidon pro kobikams e pro diseins votik.**)

Ist es weit von hier?	**Binon-li (binos-li) fagik de top isik (de plad isik)?**

(El on ela **binon-li** tefon yegi it, samo bumoti, piadi, süti, ... El **os** ela **binos-li** valemükumon säki.

Tradut ela ,von hier' kanon kodön fikuli anik, bi Vpo präpod no kanon papladön fo ladvärb. If betikoy atosi, ,von hier' te kanos pamagulön me notodot: de top isik, de plad isik u me ladvärb: **isao.**

Tefü dist vü el **top** ed el **plad**, paküpetosös is, das el **top** tefon topi, su kel säkölan binon ed el **plad** pladi, keli on it labülon.)

Was ist es für Wetter?	**Lio stom binon-li? Stom kisik binos-li? Stomi kisik labobs-li?**
Es ist recht schönes Wetter.	**Stom binon vemo jönik. Binos mu jönik. Labobs stomi pato jöniki.**
Es fällt ein Platzregen.	**Sturareinos. Labobs stomüli sturareina.**
Sie haben gut getan Ihren Regenschirm mit zu nehmen.	**Edunol gudiko (edunol sapiko, ebinol sapik) ad ekesumön reinajelömi ola.**
Der Blitz hat in den Turm eingeschlagen.	**Leklär edrefon tümi.**
Bleiben Sie noch einen Augenblick, meine Frau wird gleich kommen.	**Blibolös nog boso (nog timülo, nog dü timil anik)! jimatan oba okömof onu.**

(Malods binädons te me ladvärbs u me notodots ko präpod pafomöls. El ,einen Augenblick' kanon kludo te pamagulön dub: boso, timülo, ... u dub: dü timül, dü timil anik, ...)

What o'clock is it?	Timi kinik glok jonon-li?
	Timi kinik (düpi kinik, düpi kinid) labobs-li?
	Tim kinik (düp kinik, düp kinid) binos-li?
It has just struck twelve.	Düp degtelid ebo anu etonon.
It is only twelve; we have still plenty of time.	Binos pas düp degtelid; labobs nog timi saidik.
What time do you dine?	Tü tim kinik fidedol-li?
From two till four o'clock in the afternoon.	Poszedelo de düp telid jü folid.
	De düp telid jü folid poszedela.
I intend setting off to-morrow morning by the first train.	Desinob ad motävön ün göd odela me tren balid.
	Desinob ad detävön ogödo me tren balid.
Call a cab, please, to take me to the station.	Ramenolös vabi, plido! ad blinön obi lü stajon!
	Vokolös eli ,cab', plidö! ad vaibön obi lü stajon!
	Leadolöd kömön (föfiokömön) bökavabi, plidö! ad veigön obi lü stajon!
How long does it take to go to the railway?	Timi kimödotik oneodobs-li ad golön lü tren (lü stajonöp)?
I wish to be at the station a quarter of an hour before the train starts.	Vipob binön tö (in) stajon tü foldil düpa bü deveg trena (büä tren devegon).
Bring me up to-night the bill of what I have to pay.	Blinolöd obe asoaro kaloti uta, keli mutob pelön!
	Givolöd obe ün asoar kaloti uta, keli debob ole!
Is this the right train to R.?	At binon-li tren verätik lü R.?
Have you any objection to my smoking a cigar?	Dodol-li boso smöki obik zigara?
	Labol-li dodi anik, das smökob zigari?
	Bölados-li oli boso, das smökob zigari?

Coachman, what is the fare to B.? We are three.

O bökan! kimödotik binon-li suäm vaiba lü B.? Binobs kilo.
O bökan! Frädi kinik vaib lü B. (vabam lü B.) suämon-li? Binobs kilo.

I am very glad we have arrived.

Fredob vemo, das elükömobs.

Have you a room disengaged?

Labol-li cemi gebidik?
Cem gebidon-li pro obs?

On which floor is it? I will not go so high.

In tead kinid binon-li? No vilob golön (xänön) so geiliko.

Je suis fatigué de ma journée, je vais me coucher.

Fenob (binob fenik) dub jäf dela at, golob ad slipön (golob lü bed).

A quelle heure servez-vous le dejeuner?

Tü düp kinid bötol-li janedi?
Ünü tim kinik janedoy-li is?

Vous n'avez que des déjeuners à la carte?

Labol-li te janedis ma zibalised?

Indiquez-moi la salle à manger.

Dajonolös obe fidedalecemi (fidedöpi)!

Je désire déjeuner, que pouvez-vous me donner?

Vipob (desirob) ad janedön (vilob janedön), kini (kinis) kanol-li givön obe?

(El ,que' is no kanon patradutön me el kisi, bi no säkoy tefü dinäds; säkoy is tefü dins: zibs, kelis bötan okanon givön.)

Ce café est détestable.

Kaf at binon naudodik.

Le thé est trop fort, donnez-moi de l'eau chaude.

Tied binon tu saäbik, givolös obe vati vamik (bosi vata vamik)!

Qu'avez-vous comme dessert?
Qu'est ce que cela?

Kini labol-li as poszib?
Kis atos binon-li?

Avez-vous des diners à prix fixe?

Labol-li fidedis ma suäm fümik?

Que donnez-vous pour ce prix?

Kini (kinis, kisi) givol-li pro suäm at?

(Is el ,que' te kanon patradutön me el kini ud el kinis, if te betikoy zibis, kelis kanoy bötön, ab if betikoy i numi lezibi-

bötas, dü kels zibs pabötons, kanoy takediko i gebön vödi :
kisi < pla els **kini** u **kinis**.)

Il me faut écrire une lettre
e je n'ai pas d'écritoire. Puis-je
me servir de la vôtre ?

**Mutob penön penedi e no
labob penamastömis. Dalob-li
gebön olikis ?**

Prenez-la, monsieur, et servez-
vous-en autant que vous voulez.

**Sumolös onis, o söl! e ge-
bolös onis so lunüpo, äsä vilol!**

DILÄD: V.

NATAPÜKS.

257. Soäsä sevoy, püks difik labons tonatemis lönik. Te pö
dil pükas dabinik, tonatem latinik pagebon. Lü püks lätiko pa-
diseinöls dutons Linglänapük, Fransänapük, Litaliyänapük, Span-
yänapük, Nedänapük, ... Püks tonatemis lönik laböls binons
Rusänapük, Grikänapük, Larabänapük, heb, sanskrit, ... Püks
semik labons igo penäti patik, samo: Tsyinänapük ko vödapenät
oka, Yapänapük ko silabapenät oka, Vöna-Lägüptänapük ko
hieroglifs oka, ...

Pükas anik lafab diston so püliko de lafab latinik, das tonats
oka kanons fasiliko papladulön fa tonats baiädik latina. In jenet
at samo lafab Deutänapüka stadon. Tonats lafaba at pamagulons
in penät latinik fa nets difikün me tonats ot. Tonats Rusäna-
pükik güo pamagulons in penät latinik fa Linglänan me tonats
votik äs fa Deutänan u Fransänan. Magul difik at binon greta-
dilo sek prona distik tonatas latinik. Pron distik at tonatas latinik
ekodon i, das latin it papronon distiküno in läns difik. Sek prona
distik latina binon, das nolavans länas difik tel, spiköls püki at,
no u töbo lelilons odis. Too zesüdos, das mens at kanons lelilön
odis, ven kosädons ko ods mudöfo in pük at. Demü kod at latin
sötonöd labön proni bevünetiko puzepöli! Anu ye pron somo
valemiko pezepöl no nog dabinon. Demü kod at kadäm Volapüka
komandon nolavanefe e votikanes valik, kels gebons sekü kod
seimik latini, ad pronön püki at, soäsä atos pamobon in bagafs sököl.

Leigoäsä pron valemik balik latina zesüdon, penul balik tona-
tema lönik pükas difik me tonatem latinik e pron balik valemiko
pezepöl zesüdons. Tonatem latinik zepabik at no nedon stabön
su tonats lafaba Volapükik. Güö! tonatem somik palononös te
ma flags nolavik e nensekidiko tefü Volapük! I pron pükas

vönik, kelas pron verätik emoikon, palononös nensekidiko ma stabs nolavik!

In kapit at lepüks anik pobejäfons ad dajonön utosi, kelos padiseinon.

Kadäm Volapüka gebon pöti at ad levüdön nolavanefi ad zepön i penuli e proni is pamobölis, begölo, üf penul e pron ats binons nezepabiks, ad lonön ito penuli e proni somikis.

Pron pamagon me tonats lafaba fonetik Volapüka.

NOET: 21. Tefü **pron latina** panunosös is, das klubs nolavik anik ya emobons promi lönik latina e das papals: ‚Pius' Xid e ‚Benedictus' XVid‹ ekomandoms kleranefe romakatulik ad gebön proni Litaliyänapükik latina! In pläned disik prona latina mobs at mögiküno podemons.

LAFAB LATINA.

258. **Lafab latina** labon tonatis sököl 24: **A a** [a], **B b** [be], **C c** [ke, že, če], **D d** [de], **E e** [e], **F f** [äf], **G g** [ge], **H h** [ha], **I i** [i], **K k** [ka], **L l** [äl], **M m** [äm], **N n** [än], **O o** [o], **P p** [pe], **Q q** [ku], **R r** [är], **S s** [äš], **T t** [te], **U u** [u], **V v** [we, ve], **X x** [äx̌], **Y y** [ü = psìlón], **Z z** [zåtá].

In jäfüds anik nog pagebons tonats: **J j** [ye] e **W w** [wa] as dutöls lü lafab latinik (l. nemis löminas in Diläd VIid!). Gebölo i tonatis at, tonat: **V v** no panemon: [ve] ab: [ɬe].

259. **Vokats.** Vokats: **a, e** ed **o** papronons distiko ma duled okas. Vokats: **i, u** ed **y** labons proni ot, va binons luniks u brefiks; te patenedons, if binons luniks, e pabrefedons, if binons brefiks. Pron vokatas, ma duled onsik, binons so, äsä pamagon me tonats fonetik.

ā = [a̱ (à)] ‚mater' [ma̱tär] = mot,

ă = [á] ‚pater' [pátär) = fat,

ē = [e̱ (è)] ‚me' [me̱] = obi,

ĕ = [å̤] ‚tenet' [tå̤n-å̤t) = kipon,

ō = [o̱ (ò)], ‚Roma' [ro̱má] = zif: ‚Roma',

ŏ = [ó] ‚volo' [vólo̱] = flitob, vilob,

ī = [i̱ (ì)] ‚fido' [fi̱do̱] = konfidob,

ĭ = [i̱ (ì)] ‚regit' [rå̤git] = guverob,

‚plico' [plìko̱] = plifob,

ū = [u̱ (ù)] ‚tu' [tu̱] = ol,

ŭ = [u (ṳ)] ‚color' [kǫ̆-lǫ̆r] = köl,

ȳ = [ü (ṳ̈)] ‚Lydia' [lṳ̈diá] = Lüdän,

y̆ = [ü (ṳ̈)], ‚tyrannus' [türán-nṳš] = tirenan

If el ‚u' cenon ad el ‚i' ud el ‚y', papronon äs fonetatonat : [ü].
Sams : ‚optumus' [óptümuš] üd ‚optimus' [óptimuš] = gudikün,
‚Sulla' [šŭl⸗lá] ü ‚Sylla' [šŭl⸗lá] = Sulla.

260. **Teltons.** Teltons in làtin binons :

ae = [áĭ]   ‚mensae' [mǎnšáĭ] = taba, tabe,

au = [áŭ]   ‚laudo' [láŭdo] = lobob,

oe = [óĭ]   ‚poena' [póĭ-ná] = pönod,

ui = [ŭi (ŭì)]   ‚huic' [hŭik] = ate.

eu = [äṳ (å̆ṳ)] ‚seu' [šäṳ] = ü,

        ‚neuter' [nå̆ütär] = neudik,

ei = [äĭ (å̆ĭ)] ‚hei'! [häĭ] = vi !

        ‚eia'! [å̆ĭá] = he !

NOET : 22. In pronimag samas löpik duled vokatas (u silabas) no plu pemalon. Id in pronimag samas bagafas sököl duled vo⸗ katas (u silabas) valemo no pomalon.

261. **Konsonats.** 1. Konsonats : **b, d, f, g, h, k, l, m, n, p, r, v, z** papronons äs tonats fonetik baiädik : [b, d, f, g, h, k, l, m, n, p, r, v, z].

Konsonatas telik konsonats bofik papronons : ‚aggressor' [ág⸗ grǎš-šór] = tatakan,

‚pallor' [pál-lór] = pael.

2. El ‚c' fo vokats : ‚a', ‚o', ‚u', ‚y' fo teltons : ‚ae', ‚au', ‚oe', ‚ui' e fo konsonats plä el ‚h' papronon äs tonat fonetik : [k].

3. El ‚c' fo vokats : ‚e', ‚i' fo teltons : ‚eu', ‚ei' papronon äs tonat fonetik : [k, ž, č].

4. El ‚cc' papronon as el [k⸗k] ud äs els [k⸗k, t⸗ž, t⸗č], maä stadon in jenet ela 2 ud ela 3.

5. El ‚sc' papronon ai äs el [šk].

6. El ‚q' papronon äs el [k].

7. El ‚s' papronon äs el [š].

8. El ‚t' papronon äs el [t].

If el ‚ti' pasökon fa vokat, el ‚t' ona papronon äs el [ž] ud äs el [t]. Sams : ‚gratia' [gràtiá, gràžiá] = kein, danöf.

        ‚tertius' [tǎrtiuš, tǎržiuš] = kilid.

El ,t' ela ,ti' fa vokat pasököla ye papronon äs el [t],

a. if el ,ti' pabefoon fa el ,s', ,t' u ,x'. Sams:

,ostium' [óštium] = nügolöp, domayan,

,Attius' [át-tiuš] = ,Attius',

,mixtio' [mìxtió] = mig, migot.

ä. if el ,i' binon lunik. Sam:

,totius' [totìuš] = lölik (in genitif), lölika.

b. in vöds Grikänapükik. Sam: ,**Miltiades**' [miltỉadäš] = ,Miltiádēs'.

c. in foms vönik nenfümbidira sufalefoma värba. Sam:

,**petier**' [på-tiắr] = palebegön.

9. El ,**x**' papronon äs el x̌.

10. Lafakonsonats: ,**i consonans**' [i kón-šónánš] ü ,**j**' [ye] e ,**u consonans**' [u kón-šónánš] ü ,**v**' [ve] papronons äs els: [y], e [w, v]. Sams:

,iugum' ü ,jugum' [yùgum] = yok,

,vinum' [wìnum, vìnum] = vin,

,sanguis' [šán-gwiš, šán-gviš] = blud,

,quercus' [kwắrkuš, kvắrkuš] = kvär, kvärabim,

,quoniam' [kwó-niám, kvó-niám] = bi.

11. Els ,**ch**', ,**ph**' e ,**th**' papronons äs els [kh, ph, th] u [q̌, f, ħ].

LAFAB VÖNA=GRIKÄNAPÜKA.

262. Tonats Vöna=Grikänapüka papenulons e papronons so:

Mayuds	Minuds	Nems	Penul latinik	Pron
A	α	[ál-fá]	A a	[a (à), á]
B	β	[bàta]	B b	[b]
Γ	γ	[gám-má]	G g	[g]
Δ	δ	[dål-tá]	D d	[d]
E	ε	[e psìlón]	E e	[e (è), ắ, ĕ]
F	ϝ	[wáŭ, digám-má]	W w	[w]
Z	ζ	[zàtá]	Z z	[z]
H	η	[àtá]	Ē ē	[ä (å)]
Θ	ϑ	[thàtá, ħàtá]	Th th	[th, ħ]
I	ι	[iòtá]	I i	[i (ì), í]
Κ	κ	[káp-pá]	K k	[k]
Λ	λ	[lámb-dá, láb-dá]	L l	[l]
M	μ	[mü]	M m	[m]
N	ν	[nü]	N n	[n·]
Ξ	ξ	[x̌i]	X x	[x̌]
O	o	[o mìkrón]	O o	[o (ò), ó]
Π	π	[pi]	P p	[p]
P	ρ	[rho]	R r	[r]
Σ	σ ς	[šíg-má]	S s	[š]
T	τ	[táŭ]	T t	[t]
Υ	υ	[ü psìlón]	U u	[ü (ü)]
Φ	φ	[phi, fi]	Ph ph	[ph, f]
X	χ	[khi, q̌i]	Kh kh	[kh, q̌]
Ψ	ψ	[pši]	Ps ps	[pš]
Ω	ω	[o mĕgá]	Ō ō	[o (ò)]
spiritus asper:ʽ		[špìrituš áš-pắr]	H h	[h]
ʽP	ῥ		Rh Rh	[rh]
spiritus lenis : ʼ		[špìrituš lèniš]	malil at no pamagulon in penul latinik.	

263. Kazetamals : els ‚accentus acutus' [átžǎntuš ákùtuš], ‚gravis'
[gráviš], e ‚circumflexus' [žirkumflǎx̌uš] e mals votik : sevabo :
el ‚apostrophus' [ápóš-trófùš], ed el ‚coronis' [kóròniš] pamagulons
in penul latinik in mod ot äsä in penät Grikänapükik. Sams :
ἄνθρωπος ánthrōpos [án-thropóš, án-ħropóš] = men,
  ἀγαθὸς ἀνήρ agathòs anér [àgathóš/àgaħóš ànär] = man gudik,
Σοφοκλῆς Sophoklẽs (šòphoklä̀š, šòfoklä̀š] = Sophoklẽs,
εἴφ' ἡμῖν eíph' hēmĩn [äïf hà̀min] pla : εἰπὲ ἡμῖν eipè hēmĩn
[äïpĕ hà̀min] = sagolöd obes !
  ἀνήρ hanér [hànär] pla : ὁ ἀνήρ ho anér [ho ànär] = man,
κἀγώ kàgṓ [kàgo] pla : καὶ ἐγώ kaì egṓ [káï ègo] = ed ob.

264. Penul e pron teltonas binons so :

αι	ai	[áï]	αι	ᾳ	ai	[aĭ (aĭ)]
ει	ei	[á̀ï]	ηι	ῃ	ēi	[äĭ (à̀ĭ)]
οι	oi	[óï]	ωι	ῳ	ōi	[oĭ (òĭ)]
υι	ui	[üï]				
αυ	au	[áŭ]				
ευ	eu	[óï]	ηυ		ēu	[äŭ (à̀ŭ)]
ου	ou	[u]				

LAFAB RUSÄNAPÜKA.

265. Peᶇul e pron tonatas lafaba **Rusänapüka** binoᶇs so:

Mayuds	Minuds	Nems	Penul latinik		Pron	
А	а	[á]	A	a	[á]	{a}
Б	б	[bắ]	B	b	[b, p]	{b, p}
В	в	[vắ]	V	v	[v, f]	{v, f}
Г	г	[gắ]	G	g	[g, q̌, v]	{g, x, v}
Д	д	[dắ]	D	d	[d, t]	{d, t}
Е	е	[yắ]	Ē	ē	[yắ, yó]	{jɛ, jo}
Ж	ж	[já]	Zj	zj	[j, ǰ]	{ʒ, ʃ}
З	з	[sắ]	Z	z	[s, š]	{z, s}
И	и	[i]	Ī	ī	[i, yi]	{i, ji}
I	i	[i š tóč-kóy]	I	i	[i, yi]	{i, ji}
Й	й	[i křát-kóyä]	Ĭ	ĭ	[y]	{j}
К	к	[ká]	K	k	[k, g, q̌]	{k, g. x}
Л	л	[ắl]	L	l	[l]	{l}
М	м	[ắm]	M	m	[m]	{m}
Н	н	[ắn]	N	n	[n]	{n}
О	о	[ó]	O	o	[ó, á]	{o, a}
П	п	[pắ]	P	p	[p]	{p}
Р	р	[ắř]	R	r	[ř]	{r}
С	с	[ắš]	S	s	[š, s]	{s, z}
Т	т	[tắ]	T	t	[t, d]	{t, d}
У	у	[u]	U	u	[u]	{u}
Ф	ф	[ắf]	F	f	[f]	{j}
Х	х	[q̌á]	Kh	kh	[q̌]	{x}
Ц	ц	[žắ]	Ts	ts	[ž]	{ts}
Ч	ч	[čắ]	Tsj	tsj	[č, ǰ]	{tʃ, ʃ}
Ш	ш	[já]	Sj	sj	[j]	{ʃ}
Щ	щ	[jčá]	Sjtsj	sjtsj	[jč]	{ʃtʃ}
Ъ	ъ	[tvyóř-diy·ᶾ]	el ъ no pamagulon			{Ø}
Ы	ы	[yeřú] snak]	Ü	ü	[ǘ]	{y (= ɨ)}
Ь	ь	[myắq̌-kiy·ᶾ]	J	j	[y]	{j}
Ѣ	ѣ	[yắt]	Ê	ê	[yắ, yó]	{jɛ, jo}
Э	э	[ắ]	E	e	[ắ]	{ɛ}
Ю	ю	[yu]	Ū	ū	[yu]	{ju}
Я	я	[yá]	Ā	ā	[yá, yắ]	{ja, jɛ}
Ѳ	ѳ	[fitá]	Th	th	[f]	{f}

Sams:

Петроград Pētrograd [pyǎtrágrát],

Москва Moskva [máškvá],

Киев Kīēv [kìyǎf],

Одесса Odēssa [ádyǎš-šá],

Россия Rossīā [řáššìyá],

Волга Volga [vól-gá],

Днепр Dnēpr [dñǎpř],

словарь slovarj [šlávářy] = vödabuk,

хороший khorosjīˇ [q̌árójiy] = gudik,

легкий legkīˇ [lyóq̌kiy] = leitik.

Noet: 23. Ün 1918 lotograf nulik pelonon Rusänapüke. Pö atos bevü votikos tonats: ъ, ѣ, ѳ pefinidons. Esetevölans ye penons nog ma lotograf vönädik.

LAFAB LARABÄNAPÜKA.

266. **Tonats** e **malils Larabänapüka** papenulons e papronons so:

Tonats e malils Larabä-napükiks	Nems		Penul latinik	Pron	
ا	أَلِفْ	ʾalifᵘⁿ	[àlif]	a, ā, i, u	[a, i, u]	{a, i, u}
ب	بَآءْ	băʾᵘⁿ	[ba]	b	[b]	{b}
ت	تَآءْ	tăʾᵘⁿ	[ta]	t	[t]	{t}
ث	ثَآءْ	ħăʾᵘⁿ	[ħa]	ħ	[ħ]	{θ}
ج	جِيمْ	cīmᵘⁿ	[cim]	c	[c]	{dʒ}
ح	حَآءْ	ḥăʾᵘⁿ	[ᶜha]	ḥ	[ᶜh]	{ħ}
خ	خَآءْ	găʾᵘⁿ	[q̆a]	g	[q̆]	{x}
د	دَالْ	dālᵘⁿ	[dal]	d	[d]	{d}
ذ	ذَالْ	đālᵘⁿ	[đal]	đ	[đ]	{ð}
ر	رَآءْ	răʾᵘⁿ	[ra]	r	[r]	{r}
ز	زَأْى	zāīᵘⁿ	[sài(n)]	z	[s]	{z}
س	سِينْ	sīnᵘⁿ	[šin]	s	[š]	{s}
ش	شِينْ	šīnᵘⁿ	[jin]	š	[j]	{ʃ}
ص	صَادْ	ṣādᵘⁿ	[šad]	ṣ	[š]	{s (= sˁ)}
ض	ضَادْ	ḍādᵘⁿ	[dad]	ḍ	[d]	{d (= dˁ)}
ط	طَآءْ	ṭăʾᵘⁿ	[ṭa]	ṭ	[ṭ]	{ṭ (= tˁ)}
ظ	ظَآءْ	z̧ăʾᵘⁿ	[sa]	z̧	[s]	{z (= zˁ)}
ع	عِينْ	âῐnᵘⁿ	[aῐn]	â, î, û	[a, i, u]	{ʕa, ʕi, ʕu}
غ	غِينْ	ġaῐnᵘⁿ	[ġaῐn]	ġ	[ġ]	{ɢ (= ɣ)}
ف	فَآءْ	făʾᵘⁿ	[fa]	f	[f]	{f}
ق	قَافْ	ḳāfᵘⁿ	[ḳaf]	ḳ	[k]	{q}

Tonats e malils Larabänapükiks	Nems		Penul latinik	Pron	
كَاف	kāf^{un}	[kaf]	k	[k]	{k}
لَام	lām^{un}	[lam]	l	[l]	{l}
مِيم	mīm^{un}	[mim]	m	[m]	{m}
نُون	nūn^{un}	[nun]	n	[n]	{n}
هَآء	hă°un	[ha]	h	[h]	{h}
وَاو	wāw^{un}	[waw]	w, ū	[w, u]	{w, u}
يَآء	jă°un	[ya]	j, ī	[y, i]	{j, i}
ة			t	[t] (u no pa-pronon)	{t, Ø}
١	(nen siäm tefü pron)		à	—	{a, Ø}
و			ù	—	{u, Ø}
ى			ì	—	{i, Ø}
ـَ	فَتْحَة	fatḥat^{un} [fàtᶜha]	a	[a, ä, e]	{a, æ, e}
ـِ	كَسْرَة	kasrat^{un} [kăšra]	i	[i]	{i}
ـُ	ضَمَّة	ḍammat^{un} [ḍáma]	u	[u]	{u}
ـً			an	[an]	{an}
ـٍ	تَنْوِين	taṉwīn^{un} [tànwin]	in	[in]	{in}
ـٌ			un	[un]	{un}
ـْ	جَزْمَة	cazmat^{un} [căsma]	(pamalon me stripil horitätik dis tonat)		
ـَوْ			aŭ⸴	[aŭ]	{aʊ}
ـَىْ			aĭ	[aĭ]	{aɪ}
١	(pla: ا)		á	[a]	{a}
ـٔ	هَمْزَة	hamzat^{un} [hàmsa]	ˀ	—	{Ø, ʔ}

Tonats e malils Larabä-napükiks	Nems			Penul latinik	Pron	
٘	تَشْدِيدٌ	tašdīd^{un}	[tăjdid]		(pamalon dub telam tonata)	
ل	leigulik			1̥	(no papronon)	{Ø}
أ	وَصْلَةٌ	waşlat^{un}	[wàšla]	ḁ	(no papronon)	{Ø}
~	مّدَةٌ	maddat^{un}	[mǎda]	ǎ	[a]	{a}

Sams :

أَلْقَمَرُ alḵamaru [álḵàmaru] = mun,

ٱلشَّمْسُ alššamsu [ajjàmšu] = sol,

مُسْلِمُ بْنُ ٱلْوَلِيد Muslimu bnu al Walīdi [mušlimùbnul walìdi]
= ‚Muslim' : son ela ‚Walīd',

بِسْمِ ٱللّٰه bismi al Lláhi [bišmil-làhi] = in nem Goda.

رَأَى ra'ai [ràa] = elogom,

رآهُ raǎhu [raàhu] = elogom omi.

DILÄD: VI.

VÖDEDS JÄFÜDIK.

267. Üf in jäfüd semik vödeds bevünetik dabinons, geboyös in Volapük vödedis bevünetik at! Dub geb lartiga fo vödeds somik, kanoy sevön sunädo onis as vödeds no lü vödastok Volapüka dutöls, sevabo: tefü Volapük as vöds foginik. Sams: el ‚Coulomb’ [kulóñ], el ‚Ampère’ [ámpår], el ‚Dyne’ [düne], …

268. Tefü jäfüds, kö **vödeds latinik** pagebons, geboyös id in Volapük vödedis latinik at! bi ats binons leliloviks pro nolavans valik. In jenet at samo binons: **sanav, medinav, nimav, planav, stelav, gitav**, …

269. In musig kösömoy ad gebön **notodis Litaliyänapükik.** Notods Litaliyänapükik at binons äsvo vödeds bevünetik musiga, bi lelilovons bevünetiko. Sekü kod at kanons i padakipön in Volapük.

270. Tefü jäfüds, kö vödeds bevünetik no dabinons, zesüdos, das Volapük labonös ito **vödedis jäfüdik leigätik**! Kodedü zesüd at kadäm dönu lebüdon jäfüdisevanes valik ad yufön oni id pö dinäd at.

Ad jonön viomodo kanoyöv bitön, dil **vödedema kiemavik**, sevabo: ut **kiemava nejäfidämik** samo pobejäfon is.

VÖDEDEM KIEMAVIK.

271. **Nems löminas kiemavik ko malats e taumavets bevünetiko pezepöls** okas binons:

Lömins	Nems latinik	Malats	Taumavets
barin	barium	Ba	137,37
berilin	beryllium	Be	9,1
bismutin	bismuthum	Bi	209,0
borin	borium	B	10,9
bromin	bromium	Br	79,92
disprosin	dysprosium	Dy	162,5
ferin	ferrum	Fe	55,84
fluorin	fluorium	F	19,0
fosfin	phosphorus	P	31,04
gadolin	gadolinium	Gd	157,3
galin	gallium	Ga	70,1
gärmin	germanium	Ge	72,5
goldin	aurum	Au	197,2
helin	helium	He	4,00
hidrargin	hydrargyrum	Hg	200,6
hidrin	hydrogenium	H	1,008
holmin	holmium	Ho	163,5
kadmin	cadmium	Cd	112,40
kalin	kalium	K	39,10
kalsin	calcium	Ca	40,07
karbin	carbonium	C	12,005
klorin	chlorium	Cl	35,46
kobaltin	cobaltum	Co	58,97
kriptin	krypton	Kr	82,92
kromin	chromium	Cr	52,0
kuprin	cuprum	Cu	63,57
lalumin	aluminium	Al	27,0
lantanin	lanthanium	La	139,0
largentin	argentum	Ag	107,88
largonin	argon	A	39,9
larsenin	arsenicum	As	74,96
lerbin	erbium	Er	167,7
lindin	indium	In	114,8
liridin	iridium	Ir	193,1
litin	lithium	Li	6,94
losmin	osmin	Os	190,9

Lömins	Nems latinik	Malats	Taumavets
loxin	oxygenium	O	16,00
löropin	europium	Eu	152,0
luranin	uranium	U	238,2
lutetin	lutetium	Lu	175,0
lüterbin	ytterbium	Yb	173,5
lütrin	yttrium	Y	89,33
magnesin	magnesium	Mg	24,32
manganin	manganesium	Mn	54,93
molibdin	molybdaenium	Mo	96,0
natrin	natrium	Na	23,00
neodümin	neodymium	Nd	144,3
neonin	neon	Ne	20,2
nikelin	niccolum	Ni	58,68
niobin	niobium	Nb	93,1
nitrin	nitrogenium	N	14,008
paladin	palladium	Pd	106,7
platin	platinum	Pt	195,2
plumbin	plumbum	Pb	207,20
praseodin	praseodymium	Pr	140,9
radin	radium	Ra	226,0
radonin	radon	Rn	222,0
rodin	rhodium	Rh	102,9
rubidin	rubidium	Rb	85,45
rutenin	ruthenium	Ru	101,7
samarin	samarium	Sa	150,4
selenin	selenium	Se	79,2
silikin	silicium	Si	28,1
skandin	scandium	Sc	45,1
stanin	stannum	Sn	118,7
stibin	stibium	Sb	120,2
strontin	strontium	Sr	87,63
sulfin	sulphur	S	32,06
talin	thallium	Tl	204,0
tantalin	tantalium	Ta	181,5
telurin	tellurium	Te	127,5
terbin	terbium	Tb	159,2

Lömins	Nems latinik	Malats	Taumavets
titanin	titanium	Ti	48,1
torin	thorium	Th	232,15
tulin	thulium	Tu	169,9
vanadin	vanadium	V	51,0
volframin	wolframium	W	184,0
xenonin	xenon	Xe	130,2
yodin	jodium	J	126,92
zäsin	caesium	Cs	132,81
zerin	cerium	Ce	140,25
zinkin	zincum	Zn	65,37
ztrkonin	zirconium	Zr	90,6

272. Lömins padilädons ad
1. metaloids : loxin, sulfin, klorin, ...
2. metals : natrin, ferin, goldin, ...
3. nobavaps : helin, largonin, xenonin, ...

273. *a.* In koboädavöds : nems kobotas < **vödadils metali malöls** kösömo no pabrefükons. Sams :

K O H = kalinabäd,
Al (O H)$_3$ (as bäd) = laluminabäd,
Hg$_2$ O = hidrarginoloxid,
Mn O$_2$ = manganinipärloxid,
Fe$_3$ O$_4$ = ferinoferiniloxid,
Al$_2$ (S O$_4$)$_2$ = laluminasulfat.

ä. De **nems metaloidas** kösömo finot : **in** pamoädon pö fomam defomamavödas. Sams :

H Cl = kloridazüd,
H NO$_2$ = nitritazüd,
P$_2$ O$_5$ = fosfatastabot,
Ca CO$_3$ = kalsinakarbat.

b. Te pläamo, sevabo in **defomots ad malön kobotis patik**, metaloidanems pagebons no pabrefükölo. Sams :

H$_2$ S$_2$ O$_6$ = telsulfinatazüd,
P H$_3$ = fosfinahidrin vapik,
Cu$_3$ P$_2$ = kuprinifosfin.

c. **Metalanems** perons finoti oksik : **in** if metals tefik **kondötons in** kobots kiemik **as metaloids.** Sams :

$Mn\ O_2$ (as stabot manganitazüda) = **manganitastabot,**

$H_3\ Al\ O_3$ (as züd) = **lalumatazüd,**

$Ca\ Mn\ O_3$ = **kalsinamanganit,**

$K\ Mn\ O_4$ = **kalinapärmanganat,**

$K_2\ Fe\ O_4$ = **kalinaferat.**

d. Sagölo **malatemis plakavik** löminanems i no pabrefükons. Sams :

$H_2\ O$ (vat ü hidrinaloxid) = **telhidrinaloxin,**

$H\ Cl$ (kloridazüd) = **hidrinaklorin,**

$H_2\ S$ (sulfidazüd) = **telhidrinasulfin.**

e. Üf viloy **malön kobotis me tonats e numats,** me kels mala-tems onas binädons, täno okomandabos ad sagön tonatis malatas ma pron latinik (bi malats löminas binons brefods nemas latinik oksik) e numatis ma nems Volapükik okas. Sams :

$H_2\ O$ = [ha=tel=o],

$Mn_3\ O_4$ = [äm=än=kil-o=fol],

$Cu\ S\ O_4$ = [če=u=äš=o=fol].

274. *a.* **Loxinakobots,** kel fomons ko vat **bädis,** panemons **loxids.**

$K_2\ O$ = **kalinaloxid,**

$Na_2\ O$ = **natrinaloxid,**

$Cd\ O$ = **kadminaloxid,**

$Zn\ O$ = **zinkinaloxid,**

$Al_2\ O_3$ = **laluminaloxid,** ...

ä. If de metal **loxids tel** dabinons, loxids at padistükons me tonats : =o= ed =i=, kels papladons po nem metala, efe el =o= in loxinakobot donikum ed el =i= in geilikum. If loxids **mödikum** dabinons, täno ats pamalons dub pladam bala foyümotas : **hüp=, pluhüp=, muhüp=** fo vöd : loxid < loxida donikum e bala foyümotas : **pär=, plupär=, mupär=** fo vöd : loxid < loxida geilikum. Sams :

$Hg_2\ O$ = **hidrarginoloxid,**

$Hg\ O$ = **hidrarginiloxid,**

$Fe\ O$ = **ferinoloxid,**

$Fe_2\ O_3$ = **feriniloxid,**

$Fe_3\ O_4$ (= $Fe\ O.\ Fe_2\ O_3$) = **ferinoferiniloxid,**

$Pb_2\ O$ = **plumbinohüploxid,**

$Pb\ O$ = **plumbinoloxid,**

$Pb\ O_2$ = **plumbiniloxid,**

Mn O = manganinoloxid,

$Mn_2 O_3$ = manganiniloxid,

$Mn_3 O_4$ (= Mn O. $M_2 O_3$) = manganinomanganiniloxid,

$Mn O_2$ = manganinipärloxid,

$Ag_4 O$ = largentinahüploxid,

$Ag_2 O$ = largentinaloxid,

Ag O = largentinapärloxid.

275. **Loxinakobots,** kels fomons ko vat **züdis,** sevabo : **züda-stabots,** panemons ma saläds, kelis züds at kanons fomön ko bäds. If stabots mödikum dabinons, ats kanons padistükön de ods balido me poyümots : **-at** ed **-it** po stamäd löminanema pladabiks e posiko, if zesüdos, me bal foyümotas : **hüp-, pluhüp-, muhüp-** u : **pär-, plupär-, mupär,** ... Sams :

$C O_2$ = **karbatastabot** ma züd : $H_2 CO_3$ = **karbatazüd** e saläds oka : $Ca CO_3$ = **kalsinakarbat,** $K_2 CO_3$ = **kalinakarbat,** ...

$N_2 O$ = **pluhüpnitritastabot,** $H_2 N_2 O_2$ = **pluhüpnitritazüd,**

N O = **hüpnitritastabot,** $H_2 N_2 O_3$ = **hüpnitritazüd,**

$N_2 O_3$ = **nitritastabot,** $H N O_2$ = **nitritazüd,**

$N_2 O_5$ = **nitratastabot,** $H N O_3$ = **nitratazüd,**

$(N_2 O_7$ = **pärnitratastabot),** $H N O_4$ = **pärnitratazüd,**

$(P_2 O$ = **hüpfosfitastabot),** $H_3 P O_2$ = **hüpfosfitazüd,**

$P_2 O_3$ = **fosfitastabot,** $H_3 P O_3$ = **fosfitazüd,**

$P_2 O_4$ = **hüpfosfatastabot,** $H_2 P O_3$ = **hüpfosfatazüd,**

$P_2 O_5$ = **fosfatastabot,** $H_3 P O_4$ = **fosfatazüd.**

276. If **züdastabots** kanons kobotön **ko num difik mölekülas :** vat < ad fomön züdis distik, kanoy distükön züdis at in mod telik, 1ido me foyümots: **semo-, meto-, pärmeto-, püro-, pärpüro-, roto-, pärroto-, paro-, pärparo-, süpo-,** ... fo nem züda pladabiks, efe:

semo- if mölekül bal züdastabota koboton ko mölekül lafik : $H_2 O$,

meto- if mölekül bal züdastabota koboton ko mölekül 1 : $H_2 O$,

pärmeto-	„	„	„	„	„	„ moleküls	$1^1/_2 : H_2O$,
püro-	„	„	„	„	„	„	$2 : H_2 O$,
pärpüro-	„	„	„	„	„	„	$2^1/_2 : H_2 O$,
roto-	„	„	„	„	„	„	$3 : H_2 O$,
pärroto-	„	„	„	„	„	„	$3^1/_2 : H_2 O$,
paro-	„	„	„	„	„	„	$4 : H_2 O$,
pärparo-	„	„	„	„	„	„	$4^1/_2 : H_2 O$,
süpo-	„	„	„	„	„	„	$5 : H_2 O$,

...

Sams :

$P_2 O_3$ ko mölekül 1 vata givon : $H P O_2$: metofosfitazüd,

  „ „ möleküls 3   „   „ $H_3 P O_3$: rotofosfitazüd,

$P_2 O_4$ ko möleküls 2 vata givon : $H_2 P O_3$: pürohüpfosfatazüd,

$P_2 O_5$ „ mölekül 1   „   „ $H P O_3$: metofosfatazüd,

  „ „ möleküls 2   „   „ $H_4 P_2 O_7$: pürofosfatazüd,

  „ „   „ 3   „   „ $H_3 P O_4$: rotofosfatazüd,

$B_2 O_3$ „ mölekül $^1/_2$ „   „ $H_2 B_4 O_7$: semoboratazüd,

  „ „   „ 1   „   „ $H B O_2$: metoboratazüd,

  „ „ möleküls 3   „   „ $H_3 B O_3$: rotoboratazüd.

Klülos das foyümots : semo-, meto-, püro-, ... kanons pamoädön, if atos no kodon cänidi. Samo kanoy gebön vödi : hüpfosfatazüd pla pürohüpfosfatazüd, ed ogeboy kösömiko vödi : fosfatazüd ad malön züdi : $H_3 P O_4$.

2ido dub malam numa grupas : hidril, kels kobotons len taum bal lömina züdastabota. Sams :

$H P O_2$ = balhidrilfosfitazüd,

$H P O_3$ = balhidrilfosfatazüd,

$H_2 P O_3$ = telhidrilhüpfosfatazüd,

$H_3 P O_3$ = kilhidrilfosfitazüd,

$H_3 P O_4$ = kilhidrilfosfatazüd,

$H_4 P_2 O_7$ = telhidrilfosfatazüd,

$H J O_4$ = balhidrilpäryodatazüd,

$H_3 J O_5$ = kilhidrilpäryodatazüd,

$H_5 J O_6$ = lulhidrilpäryodatazüd,

$H_2 S_2 O_7$ (= semosulfatazüd) = balhidrilsulfatazüd.

If in malatem kiemavik taums züdifomöl tel u mödikums komädons i num lölik grupas : hidril < kanon pamalön, bisä sagoy i numi taumas lömina züdifomöl. Sams :

$H_4 P_2 O_7$ (= pürofosfatazüd ü telhidrilfosfatazüd) = folhidriltelfosfatazüd,

$H_2 B_4 O_7$ (= semoboratazüd) = telhidrilfolboratazüd,

$H_{10} W_{12} O_{41}$ = deghidrildegtelvolframatazüd.

277. Nems züdas dub kobotikam metaloida ko hidrin edavedölas pafomons me poyümot ; -id. Sams :

H F = fluoridazüd,

H Cl = kloridazüd,

H Br = bromidazüd,

H J   = yodidazüd,

$H_2 S$ = sulfidazüd.

278. De mod, in kel nems züdas pefomons, kanoy kludülön fasiliko, viomodo **nems salädas** mutons pafomön. Klülos das de kloridazüd ko kalinabäd saläd : **kalinaklorid** davedon. Sulfatazüd ofomon ko bäds **sulfatis**, pürofosfatazüd **pürofosfatis**, ...

As sams is sökons nems salädas anik :

Au Cl	= goldinoklorid,
Au Cl$_3$	= goldiniklorid,
Na Br	= natrinabromid,
K NO$_3$	= kalinanitrat,
Cu$_2$ J$_2$	= kuprinoyodid,
Cu SO$_4$	= kuprinisulfat,
Ca SO$_3$	= kalsinakarbat,
Cd S	= kadminasulfid,
Na$_2$ B$_4$ O$_7$	= natrinasemoborat,
K$_2$ Cr$_2$ O$_7$	= kalinatelhidriltelkromat (ü kalinatelkromat),
K$_2$ Cr$_3$ O$_{10}$	= kalinatelhidrilkilkromat (ü kalinakilkromat),

...

279. Ad malön in saläds numi taumas : hidrin, kels in züds pluvalenik pepladulons fa metal, kanoy gebön foyümotis : **mono-**, **di-, tri-,** ... fo nem metala pladabikis. Sams :

KH SO$_4$	= monokalinasulfat,
Na HCO$_3$	= mononatrinakarbat,
Na$_2$ HPO$_4$	= dinatrinarotofosfat,
Ag$_3$ PO$_4$	= trilargentinarotofosfat,

...

280. *a.* **Taumagrups möleküla**, kels äsvo as lölots 1. kanons bitön nekobotiko, u 2. kobotikons ko lömins u taumagrups votik, u 3. pladulons in mölekül löminis u taumagrupis votik, pamalons me nems patik. So **züdil**, sevabo : **züd nä taum** : **hidrin** pamalon me poyümot : **-il.** Sams :

— SH	= sulfidil,
— SO$_3$ H	= sulfitil (ü **monosulfitil**) (kobots ko sulfitil fomons

sulfionazüdis),

— SO$_4$ H	= sulfatil (ü **monosulfatil**),
= SO$_4$	= disulfatil,
— Cl (as züdil ela HCl)	= kloridil,
— NO$_3$ (as züdil ela HNO$_3$)	= nitratil,
— CN („ „ „ HCN)	= küanidil.

ä. **Taumagrups votik** binons :

— OH (in züd) = **hidril,**

— OH (in bäd) = **hidräl,**

— Bi O = **bismutul,**

— Sb O = **stibul,**

= UO_2 = **luranul,**

= CO = **karbonil,**

— NO_2 = **nitro,**

— NO = **nitroso,**

—N_O^{OH} = **nitrosi,**

— NH_2 = **lamid,**

= NH = **limid,**

— PO = **fosfoso,**

— S.S— = **sulfinid,**

= SO = **sulfod,**

= SO_2 = **sulfon,**

281. **Taumagrups,** kels pladulons hidrilagrupi : — **OH,** pamalons me -**ül.**

F— = **fluorül,**

Cl— = **klorül,**

Br— = **bromül,**

NH_2— = **lamidül,** ...

Sams :

$S\underset{\diagdown Cl}{\overset{\diagup OH}{O_2}}$ = **balklorülsulfatazüd,**

$S\underset{\diagdown Cl}{\overset{\diagup Cl}{O_2}}$ = **telklorülsulfatazüd,**

$S\underset{\diagdown F}{\overset{\diagup F}{O_2}}$ = **telfluorülsulfatazüd.**

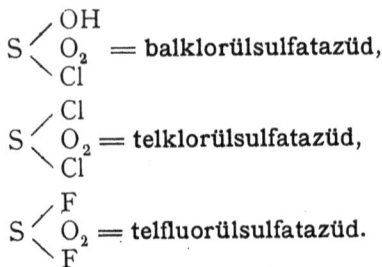

282. **Taums:** S (= sulfin), Se (= selenin), u **Te** (= telurin) kels pladulons in möleköl loxini, pamalons me : **sulfo, seleno, teluro.** Sams :

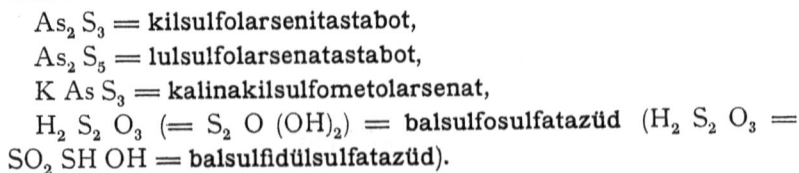

$As_2 S_3$ = **kilsulfolarsenitastabot,**

$As_2 S_5$ = **lulsulfolarsenatastabot,**

K As S_3 = **kalinakilsulfometolarsenat,**

$H_2 S_2 O_3$ (= S_2 O $(OH)_2$) = **balsulfosulfatazüd** ($H_2 S_2 O_3$ = SO_2 SH OH = **balsulfidülsulfatazüd**).

283. **Polüsulfinatazüds** pamalons me züdafinot: **-at** po nem metaloida : sulfin < no pebrefüköl sa numat ad malön numi sulfinataumas. Sams: $H_2 S_3 O_6$ = **kilsulfinatazüd,**

$$K_2 S_3 O_6 = \text{kalinakilsulfinat.}$$

284. Demölo löpikosi züds sököl kanons padefomön de sulfin :

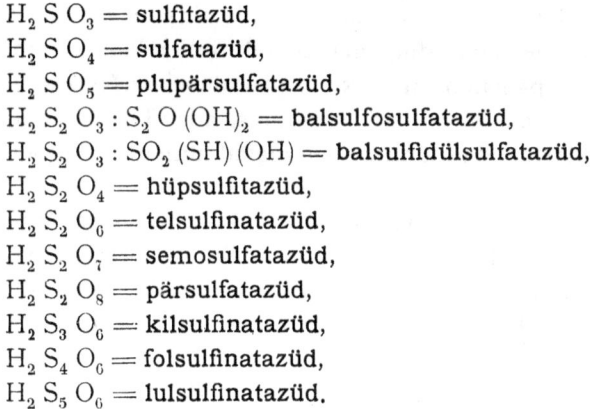

$H_2 S O_3$ = **sulfitazüd,**

$H_2 S O_4$ = **sulfatazüd,**

$H_2 S O_5$ = **plupärsulfatazüd,**

$H_2 S_2 O_3 : S_2 O (OH)_2$ = **balsulfosulfatazüd,**

$H_2 S_2 O_3 : SO_2 (SH) (OH)$ = **balsulfidülsulfatazüd,**

$H_2 S_2 O_4$ = **hüpsulfitazüd,**

$H_2 S_2 O_6$ = **telsulfinatazüd,**

$H_2 S_2 O_7$ = **semosulfatazüd,**

$H_2 S_2 O_8$ = **pärsulfatazüd,**

$H_2 S_3 O_6$ = **kilsulfinatazüd,**

$H_2 S_4 O_6$ = **folsulfinatazüd,**

$H_2 S_5 O_6$ = **lulsulfinatazüd.**

285. Me pladul loxinataumas dub sulfin samo züds sököl kanons padefomön de karbatazüd.

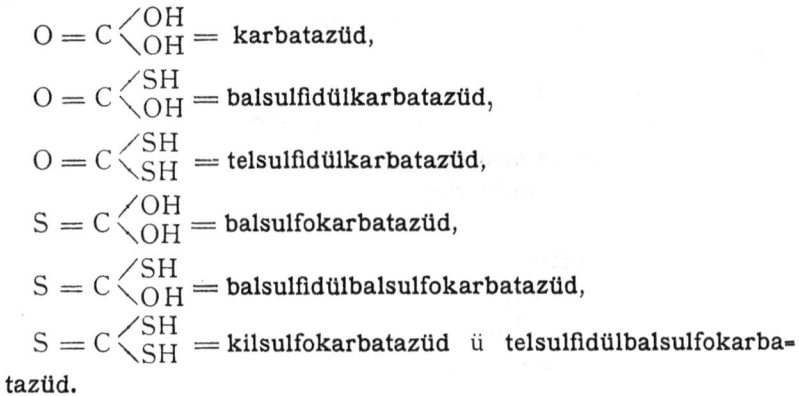

$O = C \big<^{OH}_{OH}$ = **karbatazüd,**

$O = C \big<^{SH}_{OH}$ = **balsulfidülkarbatazüd,**

$O = C \big<^{SH}_{SH}$ = **telsulfidülkarbatazüd,**

$S = C \big<^{OH}_{OH}$ = **balsulfokarbatazüd,**

$S = C \big<^{SH}_{OH}$ = **balsulfidülbalsulfokarbatazüd,**

$S = C \big<^{SH}_{SH}$ = **kilsulfokarbatazüd** ü **telsulfidülbalsulfokarba-** tazüd.

286. Loxids, kels te dilo kobotons ko züds u kels kobotons ko züds difik, kanons pamalön in mod sököl :

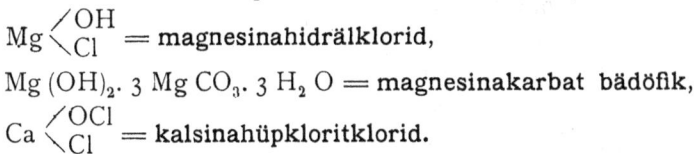

$Mg \big<^{OH}_{Cl}$ = **magnesinahidrälklorid,**

$Mg (OH)_2 . 3 Mg CO_3 . 3 H_2 O$ = **magnesinakarbat bädöfik,**

$Ca \big<^{OCl}_{Cl}$ = **kalsinahüpkloritklorid.**

287. If **halogens** (samo in karbinakobots) pladulons hidrini, nems okas pabrefükons ad : **fluor=, klor=, brom=,** e **yod=.** Sams :

$CH_3 Cl$ = balklormetan,

$CH Br_3$ = kilbrommetan,

. . .

NOET : 24. Sekü löpikos klülädos das lömins e taumagrups semiks pamalons me nems difik ma dunod, keli fölons. Samo el Cl pladulü el H pamalon me : **klor,** pladulü el **OH züda** me : **klorül,** as **züdil** me : **kloril,** ad nemam saläda, klu pladulü el **OH bäda** me : **klorid,** ed as **lömin** u nen malod fümetik me : **klorin.**

288. Pö **penam malatemas kiemavik kobotas, kels labons kaladi klüliko povöfiki,** pladoyös föfo dili lektino positiki e pödo dili lektino negatiki kobota! In kobots metaloidas tel i lömin positikum papladon balido. Dunölo atosi demoyös sökaleodi sököl metaloidas !

Si, C, Sb, As, P, N, Te, Se, S, J, Br, Cl, F, O,

(silikin, karbin, stibin, larsenin, fosfin, nitrin, telurin, selenin, sulfin, yodin, bromin, klorin, fluorin, loxin).

Sams :

Si N = silikinanitrin ü balsilikinabalnitrin,

$Si_2 N_3$ = telsilikinakilnitrin,

$Si_3 N_4$ = kilsilikinafolnitrin,

Si S_2 = balsilikinatelsulfin ü silikinasulfid,

C S_2 = balkarbinatelsulfin,

C_4 Cl = balkarbinafolklorin,

P Cl_3 = balfosfinakilklorin,

P Cl_5 = balfosfinalulklorin,

$P_2 Cl_4$ = telfosfinafolklorin,

$P_4 S_3$ = folfosfinakilsulfin,

$P_4 S_7$ = folfosfinavelsulfin,

$P_4 S_{10}$ = folfosfinadegsulfin,

N Cl_3 = balnitrinakilklorin,

N O_2 = balnitrinatelloxin,

$N_2 O_4$ = telnitrinafolloxin (= nitritanitratastabot),

N_3 Cl = kilnitrinabalklorin (= klorinalazid)

S Cl_2 = balsulfinatelklorin,

S Cl_4 = balsulfinafolklorin,

S F_6 = balsulfinamälfluorin,

$S_2 Cl_2$ = telsulfinatelklorin,

J Br = yodinabromin,

J Cl = yodinaklorin,

$J Cl_3$ = balyodinakilklorin,

$J F_5$ = balyodinalulfluorin,

$Br F_3$ = balbrominakilfluorin.

289. Kobots nitrina, fosfina, ...

a. NH_3 = lamoniak,

NH_4 = lamonium,

$N_2 H_4$ = hidrazin,

$N_2 H_5$ = hidrazium,

HN_3 = lazidazüd,

Sams : NH_3. aq = lamoniakasoulot,

NCl_3 = kilklorlamoniak (ü balnitrinakilklorin),

KNH_2 = balkalinlamoniak (ü kalinalamid),

$Mg_3 N_2$ = kilmagnesinlamoniak (ü kilmagnesinatelnitrin),

NH_3. HN_3 = lamoniumalazid,

NH_2 OH. HCl = balhidrillamoniumaklorid,

NH_2 OH. HNO_3 = balhidrillamoniumanitrat,

$N_2 H_4$. HCl = hidraziumabalklorid,

$N_2 H_4$. HN_3 = hidraziumaballazid,

ä. PH_3 = fosfinahidrin vapik (kilhidrinafosfin ü fosfen),

PH_4 = fosfonium,

$P_2 H_4$ = fosfinahidrin flumöfik (folhidrinatelfosfin),

$P_{12} H_6$ = fosfinahidrin solidik (mälhidrinadegtelfosfin),

$Ag_3 P$ = killargentinafosfin (ü killargentinfosfen),

$Ca_3 P_2$ = kilkalsinatelfosfin (ü kilkalsinfosfen),

$Cu_3 P_2$ = kilkuprinatelfosfin (ü kilkuprinfosfen),

$PH_4 J$ = fosfoniumayodid,

$PH_4 OH$ = fosfoniumabäd,

$K_3 PS_4$ = trikalinafolsulfofosfat,

b. As H_3 = larseninahidrin (kilhidrinalarsenin),

K_3 As = kilkalinalarsenin,

As Cl_3 = larseninakilklorin,

HAs O_2 = metolarsenitazüd,

HAs O_3 = metolarsenatazüd,

$H_3 AsO_3$ = rotolarsenitazüd (ü larsenitazüd),

$H_3 AsO_4$ = rotolarsenatazüd (ü larsenatazüd),

$H_4 As_2 O_7$ = pürolarsenatazüd,

K As S$_3$ = kalinakilsulfometolarsenat,

K$_3$ AsS$_3$ = trikalinakilsulfolarsenit,

K$_3$ AsS$_4$ = trikalinafolsulforotolarsenat.

c. Sb H$_3$ = stibinahidrin (ü stibinakilhidrin),

Sb Cl$_3$ = stibinakilklorin,

Sb Cl$_5$ = stibinalulklorin,

Sb$_2$ O$_3$ = stibinaloxid ü stibitastabot,

Sb$_2$ O$_4$ = telstibinafolloxin (as SbO. SbO$_3$ = stibulametostibat),

Sb$_2$ O$_5$ = stibatastabot,

HSb O$_2$ = stibitazüd (as SbO. OH = balhidrälstibinabäd ü stibulabäd),

Sb (OH)$_3$ = kilhidrälstibinabäd,

Sb$_2$ (SO$_4$)$_3$ = stibinasulfat,

(SbO)$_2$ SO$_4$ = stibulasulfat,

K Sb O$_3$ = kalinametostibat,

KH$_2$ Sb O$_4$ = monokalinarotostibat,

K$_4$ Sb$_2$ O$_7$ = kalinapürostibat,

Sb$_2$ S$_5$ = telstibinalulsulfin ü lulsulfostibatastabot.

290. **Kobots karbina.**

a. **Loxinakobots karbina** e saläds okas panemons so:

CO   = karbinaloxin (as taumagrup: **karbonil** l. § 280. ä !)

Fe(CO)$_5$ = ferinalulkarbonil,

Ni (CO)$_4$ = nikelinafolkarbonil,

C$_3$ O$_2$ = kilkarbinatelloxin,

CO$_2$ = karbinatelloxin ü karbatastabot,

H$_2$ CO$_3$ = karbatazüd,

K$_2$ CO$_3$ = kalinakarbat,

K$_2$C$_2$O$_6$ = kalinapärkarbat,

CO Cl$_2$ = telklorülkarbatazüd,

COS   = karbinaloxinsulfin.

ä. **Nitrinakobots karbina** e saläds okas panemons so:

C$_2$ N$_2$ = küan,

H C N   = küanidazüd,

K C N   = kalinaküanid,

C N O H = küanatazüd,

C N O K = kalinaküanat,

C N S H = sulfoküanatazüd,

C N S K = kalinasulfoküanat.

b. Hidrinakobots satik karbina ü karbans e karbanagrups okas panemons so:

CH_4	= metan,	$-CH_3$	= metil,
$C_2 H_6$	= letan,	$-C_2 H_5$	= letil,
$C_3 H_8$	= propan,	$-C_3 H_7$	= propil,
$C_4 H_{10}$	= butan,	$-C_4 H_9$	= butil,
$C_5 H_{12}$	= päntan,	$-C_5 H_{11}$	= päntil,
$C_6 H_{14}$	= häxan	$-C_6 H_{13}$	= häxil,
$C_7 H_{16}$	= häptan,	$-C_7 H_{15}$	= häptil,
$C_8 H_{18}$	= loktan,	$-C_8 H_{17}$	= loktil,
$C_9 H_{20}$	= nonan,	$-C_9 H_{19}$	= nonil,
$C_{10} H_{22}$	= degan,	$-C_{10} H_{21}$	= degil,

...

c. Hidrinakobots nesatik karbina ü karbanilens e karbina-hidrins ko kobotam kilik ü karbanetilens panemons so:

$C_2 H_4$ = letilen,		$C_2 H_2$ = letetilen,
$C_3 H_6$ = propilen,		$C_5 H_4$ = propetilen,

... ...

d. Karbanalalkohols ü karbanols e metalakobots ü karbana-lalkoholets okas:

$CH_3 OH$ = metol,	$CH_3 O Na$ = natrinametolet,
$C_2 H_5 OH$ = letol,	$C_2 H_5 O Na$ = natriualetolet,

... ...

e. Karbaners e lästers:

$CH_3 OCH_3$ = meter ü telmetilkarbaner,
$C_5 H_5 OC_2 H_2$ = leter ü telletilkarbaner,
$CH_3 OC_2 H_5$ = metilletilkarbaner,

...

f. Karbanatazüds, karbanatahids e ketuns:

$CHOOH$ = metatazüd ü furmidatazüd,
$C_2 H_3 OOH$ = letatazüd ü vinigatazüd,
$C_3 H_5 OOH$ = propatazüd,

...

$CH_2 O$ = metatahid,
$CH_3 CHO$ = letatahid,

...

$CH_3 COCH_3$ = telmetilketun,
$CH_3 COC_2 H_5$ = metilletilketun,

...

g. Märkaptans, sulfokarbaners e sulfinakobots votik:

CH_3 SH = metilmärkaptan,

CH_3 SNa = natrinametilmärkaptid,

$C_2 H_5 SC_2 H_5$ = sulfoleter ü letilasulfid,

$C_2 H_5$ S.S. $C_2 H_5$ = telletilasulfinid,

...

h. Taumagrups:

HCOO— = metatil,

CH_3 COO— = letatil,

$C_2 H_5$ COO— = propatil,

...

HCO— = metatel,

CH_3 CO— = letatel,

$C_2 H_5$ CO— = propatel,

...

$= CH_2$ = metilen,

$\equiv$ CH = metin,

...

291. Kobots silikina.

a. Loxinakobots silikina :

Si O_2 = silikatastabot,

H_2 Si O_3 = silikatazüd,

ä. Hidrinakobots silikina : hidrinasilikins ü silikans.

Si H_4 = balidsilikan,

$Si_2 H_6$ = telidsilikan,

$Si_3 H_8$ = kilidsilikan,

$Si_4 H_{10}$ = folidsilikan.

b. Kobots votik silikina :

Si C = silikinakarbin ü silikinakarbid,

Mg_2 Si = magnesinasilikid,

...

292. Komplitakobots.

Komplitakobots kanons binädön me komplitadil positiko u negatiko yionik sa yionadil lektinataädik balugik u me komplitadils bal u tel. In nems komplitadilas binäds, me kels komplitadils at binädons, papladons nen yümatonat fo zänalömin. If komplitadil binon nanionik zänalömin lensumon züdapoyümoti : at len löminafinot : in nen u sa bal tonatas kaladik : o ud i. Sams :

a. Co $(NH_3)_3$ Cl_3 = killamoniakkilkloridilkobaltin,

Co (NH_3) $(NO_2)_3$ = killamoniakkilnitritilkobaltin,

ä. $[Co\,(NH_3)_6]$ Cl = mällamoniakkobaltina(kil)klorid,

$[Co\,(NH_3)_3\,(H_2O)_3]Cl_3$ = killamoniakkilvatedkobaltina(kil)klorid,

$[Co\;NH_3)_3\,(H_2\,O)_2$ Cl] Cl_2 = killamoniaktelvatedbalkloridilkobaltina(tel)klorid,

$[Co\,(NH_3)_4\,(NO_2)_2]$ Cl = follamoniaktelnitritilkobaltina(bal)klorid,

$[Co\,(NH_3)_4$ $Cl_2]$ Cl = follamoniaktelkloridilkobaltina(bal)klorid,

$[Co\,(NH_3)_5\,H_2O]$ Br_3 = lullamoniakbalvatedkobaltina(kil)bromid,

$[Cr\,(NH_3)_6]$ Cl_3 = mällamoniakkromina(kil)klorid,

$[Cr\,(NH_3)_2\,(H_2\,O)_4]$ Cl_3 = tellamoniakfolvatedkromina(kil)klorid,

$[Pt\,(NH_3)_6]$ Cl_2 = mällamoniakplatina(tel)klorid,

$[Pt\,(NH_3)_4]$ Cl_2 = follamoniakplatina(tel)klorid.

b. K $[Cr\,(NH_3)_2\,(NO_2)_4]$ = kalinatellamoniakfolnitritilkrominat, K $[Cr\,(NH_3)\,(H_2\,O)\,Cl_3\,(NO_2)]$ = kalinaballamoniakbalvatedkil-kloridilbalnitritilkrominat.

c. $[Co\,(NH_3)_4\,(NO_2)_2]$ $[Co\,(NH_3)_2\,(NO_2)_4]$ = follamoniaktelnitril-kobaltinatellamoniakfolnitritilkobaltinat.

d. H_4 Fe $(CN)_6$ = mälküanidilferinoatazüd,

H_3 Fe $(CN)_6$ = mälküanidilferiniatazüd,

K_4 Fe $(CN)_6$ = kalinamälküanidilferinoat,

K_3 Fe $(CN)_6$ = kalinamälküanidilferiniat,

K_2 Ni $(CN)_4$ = kalinafolküanidilnikelinoat,

K_2 Pt Cl_4 = kalinafolkloridilplatinoat,

K_3 Co $(CN)_6$ = kalinamälküanidilkobaltiniat,

K_3 Co $(NO_2)_6$ = kalinamälnitritilkobaltiniat,

Ag_2 Pt Cl_6 = largentinamälkloridilplatiniat,

$(H_4$ N$)_2$ Pt Cl_6 = lamoniumamälkloridilplatiniat..

e. Kobot: Pt $(NH_3)_4$ (SO_4) $(OH)_2$ kanon binön:

$[Pt\,(NH_3)_4$ $SO_4]$ $(OH)_2$ = follamoniakbaldisulfatilplatinabäd u

$[Pt\,(NH_3)_4\,(OH)_2]$ SO_4 = follamoniaktelhidrilplatinasulfat.

Kobot: Cr Cl_3 . 6 H_2 O kanon binon:

$[Cr\,(H_2\,O)_6]$ Cl_3 = mälvatedkromina(kil)klorid u

$[Cr\,(H_2\,O)_4\,Cl_2]$ Cl + 2 H_2 O = folvatedtelkloridilkromina(bal)-kloridtelvated.

NEMS TALEDAVIK.

293. De **nems taledavik** anik vöds Volapükik dabinons. As sams:

Yurop, Siyop, ...

Deutän, Fransän, Linglän, ...

Latlantean, Lindean, ...
Nolüdamel, Blägamel, ...
Sfalalak (ü : Lak di ‚Lot'), ...

294. Dils taleda, de kels Volapükanems no dabinons, papenons
Volapüko, soäsä panemons e papenons in reigäns, in kels komä-
dons, efe me tonats lafaba kilid Volapüka.

If dils at taleda komädons in reigän bal, ed if in reigän at
tatapük calöfik te bal lonöfon, lonam at no okodon fikuli. Fikul
no odavedon, büä in reigän at püks difik tel u mödikums paspi-
kons u dil taledavik tefik zugon da reigäns difik, in kels no pük
ot paspikon. Pö jenet at dil taledavik somik kanon pamalön me
nems difik. Samo nems : ‚Rhin' [råñ], ‚Rhein' [raĭn], e ‚Rijn' [räĭn]
malons flumedi ot, bi flumed at panemon so in läns, da kels u
vegü kels zugon (l. i. § 179 !).

REGISTAR LAFABIK.

Nums soelik jonons nümis bagafas, uts ko „nt."
etis noetas ed uts ko „pd." etis padas.

-ik 50, 55, 197. — len numavöd
   68. — len pönop nefümik 88.
   — len pönop pösodik 78.
-ikön 167.
-il 169, 201. —|as poyümot kie=
   mavik 280. — len numavöd 60.
-ilen 201.
-im 194.
-in 178, 201. — lömina in kobo=
   ädavöds 273.
-io 200. — as finot ladvärba 106.
-ion 174.
-iö 200.
-ir 196.
-is 166, 196. — as poyümot ku=
   satifa plunumik 40.
-it 201. — as poyümot kiema=
   vik 275.
jenöfaset 216.
jenöfastad värba 89.
ji= 42, 143. — len numavöd 60.
   — len pönop jonik 81.
jiel 45.
jielan 47.
jikel 86.
jo= 43, 144.
ka 56.
kadäm Vpa nt : 2.
kazet : — vöda fonetiko pepenöla
   15. — Vpavöda 8.
kazetamal : — nevätik 12. —
   vätik 12.
kazetamals 12. — Vöna=Grikä=
   napüka 263.
ke= 161.
kel 86.
kelos 86.
ki= 83, 139.
kif 82.
kilvokat in Vp. 7.
kim 82.
kin 82.
kio= 85.
kiof 85.
kiom 85.
kion 85.
kios 85.
kis 82.

kläms 31.
klikamal 11.
koboädavöds 129.
kobonumamalül 35.
kobots : — fosfina 289. — kar=
   bina 290. — larsenina 289. —
   nitrina 289. — silikina 291. —
   stibina 289.
koboyümavöd : — kela lim balid
   binon subsat 131. — kela lim
   balid no binon subsat 133.
koboyümavöds 130.
komplitakobots 292.
kongred telid Vpa nt : 2.
konsonats lafaba Vpik 3.
konyug 40, 94, pd : 34. — in
   sufalefom 101.
konyun pd : 39. — po pluamafom
   56.
konyuns : — pedefomöl 112. —
   rigavödik 127. — rigik 112.
kos as foyümot koboädavöda
   nt : 13.
kö 87.
krodül 35.
kü 87.
küpet, das koboädavöds me prä=
   pod u ladvärb primöls no bi=
   nons defomamavöds nt : 13.
-l as finatonat kaladik numavö=
   das voik 123.
la= 163.
-la 89. — as poyümot möga=
   stada värba 168.
ladvärb pd : 39.
ladvärbs : — pedefomöl 106. —
   rigavödik 125. — rigik 106. —
   tefik 87.
ladyek pd : 22. — pösodi malöl 53.
lafab : — fonetik 11. — fonetik
   Vpa demü lafabs fonetik votik
   nt : 4. — latina 258. — Lara=
   bänapüka 266. — Rusänapüka
   265. — tonatas latinik 18, 19.
   — Vpik 3. — Vöna=Grikäna=
   püka 262.
lafabs : — e malüls pd : 3. — in
   Vp. pageböls 2.

pärpüro= 165. — as foyümot kie=
mavik 276.
pärroto= 165. — as foyümot kie=
mavik 276.
pe= as foyümot värbatima 138.
penam : — balik tonata lafaba
Vpik 5. — däta 63. — mala=
temas kobotas labü kalad
povöfik 288.
penul : — ela ‚apostrophus'
Vöna=Grikänapüka 263. —
ela ‚coronis' Vöna=Grikäna=
püka 263. — teltonas Vöna=
Grikänapüka 264. — tonatas
Larabänapüka 266. — tonatas
Rusänapüka 265. — tonatas
Vöna=Grikänapüka 262.
pi= as foyümot värbatima 138.
plad : — demoda 251. — lad=
värba 254. — ladyeka 51. —
maloda 251. — natöfik se=
tadilas. 251. — numa 60. —
numavöda 60. — numavöda
sökaleodik 62. — partisipa
255. — pönopa jonik 81. —
pönopa säkik 252. — präpoda
108. — predikata 251. — sub=
yeta 251. — yegoda 251.
plän : — brefoda : ‚Scop.' nt : 6.
— miedeta tefü yegods nt : 16.
— tefü geb mögastada värba
103.
pläned dö geb deklinafomas
nt : 19.
plö= 145.
pluamafom : — ladvärba 107. —
ladyeka 55.
pluhüp= 165. — as foyümot kie=
mavik 274, 275.
plupär= 165. — as foyümot kie=
mavik 274, 275.
pluset 220.
po= as foyümot värbatima 138.
polü= 165.
polüsulfinatazüds 283.
poyümots 137, pd : 50. — ad
malön pösodis 172. — kiema=
vik 201.

pö= as foyümot värbatima 138.
pönop pd : 27. — büojonik 81.
— dalabik 78. — dalabik pö=
sodi malöl 80. — dalabik soe=
löl 80. — geik 76. — jonik 81.
— jonik voik 81. — pösodik
74. — pösodik voik 75. —
rezipik 77. — säkik as pönop
nefümik 84. — tefik 86. —
vokädik 85.
pönops : — nefümik 88. — nefü=
mik voik 88. — säkik 82. —
subsatik 88.
pösod plubalid pönopa pösodik
nt : 8.
präpod pd : 39. — : ad < fo nen=
fümbidir 98.
präpods : — pedefomöl 110. —
rigavödik 126. — rigik 110.
paedikat 206.
predikataset 223.
predikatif nt : 17.
predikatod nt : 17.
presenatim : — finik 92. — nefi=
nik 92. — värba 92.
pron : — balik latina 257. —
difik latina 257. — konsonatas
latina 261. — Litaliyänapükik
latina nt : 21. — teltonas latina
260. — teltonas Vöna=Grikä=
napüka 264. — tonatas lafaba
Vpik 4. — tonatas latina 258.
— tonatas Larabänapüka 266.
— tonatas Rusänapüka 265.
— tonatas Vöna=Grikänapüka
262. — tonatemas difik 257.
— vokatas latina 259.
pronimag : — müratonas hebre=
yik 14. — vokatas brefedikün
14.
pu= as foyümot värbatima 138.
pü= as foyümot värbatima 138.
pük 203.
pün 23.
pünaliunül 25.
püro= 165. — as foyümot kiema=
vik 276.
reid : — balik tonata lafaba Vpik

www.ingramcontent.com/pod-product-compliance
Lightning Source LLC
Chambersburg PA
CBHW062103090426
42741CB00015B/3318